ELON MUSK

CHANGER LE MONDE

ELON MUSK

CHANGER LE MONDE

DENIS GRANJOU

City
Biographie

ISBN : 978-2-8246-1854-8
Code Hachette : 39 5321 1
Catalogues et manuscrits : city-editions.com

Dépôt légal : Juin 2022

Sommaire

Avant-propos 7
1. Musk avant Elon 11
2. Une enfance dans sa bulle 17
3. Let's go ! 37
4. Paypal 47
5. Double vie 55
6. Succès et galères 69
7. Une année en enfer 79
8. Elon giga boss 95
9. Cap sur Mars 121
10. Des projets plein la tête 147
11. Le rêve devient réalité 201
Épilogue « provisoire » 253

Avant-propos

2002. Elon Musk fonde SpaceX et affiche haut et fort sa volonté d'ouvrir la voie lactée au plus grand nombre. Il est le premier à parler de tourisme spatial.

Il prône une véritable révolution économique sous les étoiles. Immédiatement, ses propos déclenchent une polémique aux États-Unis. Face à lui se dressent plusieurs légendes de la conquête spatiale américaine. Pour exprimer clairement sa position sur le sujet, il décide donc de répondre directement aux questions d'un journaliste de la chaîne Chispa Motivation diffusée sur Youtube. Il apparaît en gros plan. Face caméra. Ses yeux brillent dès les premières secondes de l'interview. Quand son interlocuteur lui rappelle que certains « héros américains » pour reprendre son expression précise, comme Neil Armstrong, premier homme à avoir mis le pied sur la lune en juillet 1969, ou encore Gene Cernan, dernier astronaute de la Nasa à l'avoir posé en décembre 1972, sont totalement opposés à son projet, il répond :

> Cela me fait beaucoup de peine de réaliser que c'est le cas car ce sont *(il lève la tête et s'interrompt une seconde)*... Ouais, ce sont des héros pour moi donc c'est très dur *(on devine des larmes qui commencent à couler sur ses joues)*. J'aurais aimé qu'ils viennent sur place et assistent à tous les efforts que nous consacrons à ce projet, je pense qu'ils changeraient de position.
>
> JOURNALISTE : Ce sont eux qui vous ont inspiré pour entreprendre ce projet, non ?
>
> ELON MUSK *(la gorge nouée) opine de la tête* : Oui.
>
> JOURNALISTE : Et les voir vous jeter des pierres, c'est dur ?
>
> ELON MUSK : Oui, c'est difficile.
>
> JOURNALISTE : Vous vous attendiez à ce qu'ils vous encouragent ?
>
> ELON MUSK : En tout cas, j'espérais que ce soit le cas.
>
> JOURNALISTE : Que voulez-vous leur prouver ?
>
> ELON MUSK : Juste leur dire que je veux faire une vraie différence dans l'aviation et dans l'espace, rendre le vol accessible à presque tout le monde.

Quelques années plus tard, invité par l'animateur Joe Rogan dans l'émission *Joe Rogan Experience*, il aborde la crise écologique qui frappe de plein fouet la planète et là encore, des larmes embuent son regard quand il s'exprime devant le micro : « Nous jouons un jeu de fous avec les océans et l'air qui nous entoure. Nous savons tous que c'est le point final mais nous continuons à faire mal à la terre ! Pourquoi ? »

Ainsi va Elon Musk. Il peut pleurer avec des dizaines de millions de téléspectateurs et l'instant d'après les faire rêver dans ses projets de conquête spatiale et d'un futur apaisé. Il a fait sienne cette maxime d'Albert Einstein qu'il admire depuis son enfance : « Là où il y a une volonté, il y a un chemin ! »

I

Musk avant Elon

1954. Regina. Capitale de la province du Saskatchewan. Canada.

Sous un ciel parfaitement bleu, un homme et une femme posent avec leurs quatre enfants devant l'hélice d'un avion de tourisme aux ailes rouges. Ils sont debout, les pieds sur l'herbe verte du tarmac de l'aérodrome, et ils sourient devant l'objectif. En chemise blanche, de gauche à droite, on distingue d'abord Joshua Norman Haldeman et à côté de lui son épouse, Winnifred Josephine Haldeman, dans une robe à carreaux bleu électrique. Ensuite il y a Scott (11 ans) en tee-shirt jaune et short kaki. Devant eux, au premier plan, Lynne (9 ans), dans une robe à corolle avec des fleurs, et enfin les jumelles Maye (la future maman d'Elon) et Kaye (6 ans), deux petites filles aux cheveux blonds et aux airs sages qui posent, les mains croisées devant leurs jolies robes bleu turquoise.

En arrière-plan de la photo, on devine un véhicule 4 × 4 et au loin, un château d'eau. C'est l'ultime cliché d'une vie de famille dans cette ville entourée de prairies et d'immenses espaces dans le Canada profond. Quelques jours plus tard, le clan Haldeman déménage définitivement pour l'Afrique du Sud. C'est là que Joshua a décidé de s'installer avec sa famille pour vivre de nouvelles aventures. Il est né en 1902 à Pequot Lakes dans le Minnesota, et il décide de s'installer au Canada en 1926. Là, il devient le tout premier chiropracteur diplômé du pays. La chiropratique est née au Canada en 1895 avec les travaux de Daniel David Palmer, passionné de médecines alternatives. Il pensait que le corps humain pouvait se guérir par lui même grâce à son système nerveux. Durant de nombreuses années, il s'implique dans le développement de la chiropratique au Canada avant de décider de changer totalement de registre et d'existence : il ne se reconnaît plus dans la vie politique de son pays d'adoption. Il considère que l'État est trop présent dans le quotidien des gens. Pour lui qui prône sans cesse une liberté totale, y compris dans la vie de sa famille, c'est un élément déclencheur pour un départ inéluctable vers d'autres cieux plus « libéraux », selon lui. Il faut aussi et surtout ajouter à son analyse sociopolitique un impérieux besoin de changer d'air dans tous les sens du terme. Joshua veut du soleil et de la chaleur !

Mais il caresse aussi un projet fou, né de ses lectures d'ouvrages écrits par des archéologues et qui le pousse tout naturellement à choisir l'Afrique du Sud. Il s'est mis en tête de percer le secret de la « cité perdue du Kalahari ».

Selon la légende, il s'agirait d'une cité qui aurait abrité une civilisation inconnue et dont les vestiges se trouveraient enfouis quelque part sous le sable et les dunes du Kalahari. Avant de partir en expédition, Joshua prend tout de même le temps de se poser dans sa nouvelle vie en Afrique du Sud.

Une fois installé à Prétoria, il crée d'abord son cabinet de chiropracteur alors qu'il ne connaît absolument personne dans cette immense ville. Pour garder un lien étroit avec sa passion de l'aviation, il entre rapidement dans le cercle des pilotes amateurs qui se retrouvent chaque week-end pour voler au-dessus de la ville et ses alentours. Très vite, son implication le conduit tout naturellement à créer une véritable structure quasi professionnelle, l'Association des pilotes d'Afrique du Sud. Quand il n'officie pas dans son cabinet de chiropractie, il survole inlassablement la plus grande étendue du sable du monde répartie sur trois pays, dans son avion qu'il a affectueusement baptisé *Winnie*. Il organisera ainsi une douzaine d'expéditions pour tenter de retrouver la cité perdue. Le plus souvent, il vit ses aventures avec sa famille, n'hésitant pas à dormir avec les siens sous les tentes près des fouilles qu'il entreprend.

Quand il ne recherche pas la cité perdue, il emmène sa famille à des congrès internationaux de chiropracteurs, l'occasion pour cet aventurier souriant et intrépide de réaliser des périples extraordinaires vers l'Australie, l'Écosse et même la Scandinavie. Mais sa passion le conduit hélas à sa perte dans des conditions dramatiques.

Alors qu'il navigue seul dans un petit coucou, après avoir connu, quelques semaines auparavant, une grosse frayeur lors d'un atterrissage en catastrophe dans les sables du désert avec *Winnie* qu'il a dû abandonner près d'une dune quand il a été secouru, à nouveau, il veut atterrir sur la piste d'un aérodrome dans son nouvel appareil de tourisme. Lorsque les roues touchent le sol, Joshua se dirige inéluctablement vers la mort. Sans que l'on sache pourquoi aujourd'hui encore ; un câble en acier a été tendu de part et d'autre de la piste. Le pilote n'a pas le temps de s'en rendre compte et il est tué sur le coup un jour de janvier 1974. Elon Musk n'a que trois ans et il ne connaît pas encore les exploits accomplis par son grand-père qu'il n'a finalement croisé qu'à quelques rares reprises dans des réunions de famille. Plus tard, il financera des recherches importantes pour tenter de retrouver son avion rouge, mais sans résultat.

Pour Elon Musk qui a hérité du prénom du père de Joshua, John Elon Heldeman (1871-1909), avec qui, d'ailleurs, il présente une ressemblance saisissante, son grand-père est un véritable totem, une figure iconique dont il dit toute l'importance dans différentes interviews évoquant la vie de sa famille et ses racines profondes. Sans Joshua dont sa mère et sa grand-mère n'ont jamais cessé de conter les exploits et les aventures les plus rocambolesques entre ciel et terre, Elon n'aurait sans doute jamais été celui qu'il est devenu au fil du temps. Sans tirer de conclusions hâtives sur sa psychologie, on peut envisager qu'il n'aurait peut-être pas imaginé partir lui aussi dans une grande aventure : celle de la conquête de l'espace infini, même si, en lieu et place du petit avion rouge pétaradant de son grand-père, il a conçu avec ses équipes de formidables vaisseaux qui embarqueront leurs équipages un jour, espère-t-il, pour de très lointains voyages par-delà les étoiles.

2

Une enfance dans sa bulle

Elon Reeve Musk, naît le 28 juin 1971 à Prétoria, en Afrique du Sud. May, sa mère, est canadienne et son père, Errol, est un ressortissant blanc d'Afrique du Sud. Ils se connaissent tous les deux depuis l'adolescence. Anciens élèves de Clapham High School à Prétoria, ils sont tombés amoureux l'un de l'autre sur les bancs du lycée public. Lui, né à Prétoria en 1946 (il refuse toujours de donner le jour exact de sa naissance), brillant jeune homme ambitieux, passionné de technologie ; elle, jolie blonde, née le 19 avril 1948 à Régina (Canada), qui a entamé une carrière de mannequin à 15 ans et rêve de défilés sur les podiums du monde entier. Ils décident de vivre ensemble très tôt et de faire leur premier enfant. Ce sera un petit garçon. Elon. Un an plus tard, le 20 septembre 1972, ce sera au tour de Kimbal d'entrer dans la famille puis, le 20 juillet 1974, de Tosca, seule fille du trio des enfants Musk.

La famille s'est installée à Waterkloof, un quartier résidentiel plutôt chic de Prétoria devant son nom à une ferme qui était située dans cette grande étendue fertile au XIXe siècle. Elon et ses parents habitent une maison proche de celle où vivait son grand-père à Queenswood. Sept kilomètres la séparent de la clinique de chiropractie qu'il dirigeait jusqu'à sa mort accidentelle. Durant sa petite enfance, Elon aura souvent l'occasion de passer devant en se baladant sur son vélo dans les allées bordées de jacarandas, ces arbres qui, au printemps, s'épanouissent en des milliers de fleurs violettes et semblent ainsi illuminer le ciel de la capitale administrative d'Afrique du Sud.

Mais à cette époque de sa vie, Elon n'est pas vraiment du style à regarder le ciel par la fenêtre de sa chambre. Dès qu'il apprend à lire, il dévore des ouvrages de science-fiction, dont les romans d'Isaac Asimov, et plus précisément la saga *Fondation*, une œuvre en plusieurs volumes qui imagine l'humanité du futur dans toutes ses complexités.

« Quand il a eu 3 ans, j'ai su qu'Elon était un surdoué, un génie », lance fièrement sa mère May, au hasard d'une de ses innombrables publications sur les réseaux sociaux.

En 2019, elle a publié un livre, *A Woman Makes a Plan*, dans lequel elle traite de ses principes de vie en général et de l'éducation des enfants en particulier. On peut noter ce paragraphe qui résume sa vision des choses sur ce domaine précis : « J'ai donné à mes enfants les mêmes principes que j'ai reçus : indépendance, gentillesse, honnêteté, politesse. Je leur ai enseigné l'importance de travailler dur et de faire le bien. Jamais je ne les ai traités comme des bébés. Je ne les ai jamais grondés non plus. Je ne leur ai jamais dit quoi étudier et n'ai jamais vérifié leurs devoirs. C'était à eux de prendre leurs responsabilités dès ce moment-là et ensuite en imaginant chacun leur propre avenir. »

On comprend mieux, dans ce contexte, pourquoi le petit Elon s'est vite fabriqué une bulle dans laquelle il a conçu patiemment sa personnalité en solitaire. Lorsqu'il ne lit pas, il s'enferme dans le garage de la maison et commence à fabriquer des fusées et des explosifs pour les faire décoller depuis le jardin. Il raconte que ni son père ni sa mère ne sont au courant. Pour veiller sur les enfants, le couple a embauché une gouvernante : « Je me demande encore aujourd'hui comment je ne me suis pas tué en faisant décoller mes fusées parfois sans que je le veuille et comment j'ai pu garder tous mes doigts intacts », confiait récemment Elon Musk avec un sourire dans une interview sur une chaîne de télévision américaine. Dans ce même entretien, il revient sur cette enfance solitaire entre une mère mannequin toujours en voyage dans le monde entier et un père brillant, ingénieur accaparé par son métier et par l'entreprise d'ingénierie qu'il dirige. Elon passe beaucoup de temps avec ce papa qui lui fait découvrir les technologies les plus avancées dans de nombreux domaines. Il éveille sa curiosité sur la science. Le petit garçon écoute et enregistre tout dans sa mémoire.

Ce n'est pas un enfant très bavard et, durant sa petite enfance, ses parents sont persuadés qu'il souffre de problèmes psychologiques. Il faudra attendre le 9 mai 2021 pour qu'Elon Musk, invité d'honneur de la célèbre émission humoristique *Saturday Night Live* sur NBC, déclare pour la première fois devant plus de 10 millions de téléspectateurs qu'il est atteint du syndrome Asperger, une forme d'autisme qui touche près de 37 millions d'hommes et de femmes dans le monde : « Je sais que je dis ou que je fais des choses étranges mais c'est ainsi que mon cerveau travaille. En tous les cas, je suis fier d'être le tout premier "Asperger" à être invité dans cette émission légendaire ! Merci aux producteurs ! » lance-t-il sur le plateau, acclamé par le public.

La particularité de ce syndrome est qu'il n'existe aucun moyen de le guérir. Il faut s'habituer à vivre avec. Il se caractérise par des difficultés plus ou moins importantes à communiquer avec les autres.

Mais au milieu des années 1970, ce dont le petit Elon semble souffrir réellement, c'est de sa solitude forcée, même s'il s'entend bien avec son frère et sa sœur. Heureusement, il trouve aussi dans la lecture quotidienne un moyen idéal de s'évader et, lorsqu'il ne lit pas les innombrables comics d'aventures qu'il collectionne par dizaines dans sa chambre, il s'attaque avec la même curiosité aux tomes imposants de différentes encyclopédies scientifiques qu'il attrape avec peine sur les étagères du salon familial pour tenter d'enregistrer le maximum de données qui pourront lui servir dans sa quête effrénée de savoir.

Lorsqu'il n'est pas dans sa maison, occupé à ses lectures et à ses expériences d'apprenti sorcier, Elon enfile chaque jour la tenue officielle de Waterkloof Primary School, l'école primaire de son quartier. Un short et une chemisette de couleur grise, des chaussettes hautes bleu marine avec des bandes blanches, sans oublier une ceinture en toile rouge et blanche aux couleurs de son établissement. Pour compléter cet uniforme réglementaire, il fixe aussi sur son dos son cartable. C'est ainsi vêtu que l'on peut découvrir le petit garçon aux cheveux blonds arborant un grand sourire sur de nombreuses photos mises en ligne par des admirateurs et admiratrices qui, pour certains, l'ont croisé dans la cour de l'école ou dans les salles sans se douter une seule seconde qu'il connaîtrait plus tard un destin hors du commun.

Il est d'ailleurs étrange que pas un seul de ses anciens professeurs n'ait publié un recueil de souvenirs comme « Ce qu'Elon écrivait sur le tableau noir ! » ou « Comment Elon récitait ses leçons ! ».

En 1979, les parents d'Elon annoncent à leurs enfants qu'ils ont décidé de divorcer. Elon choisit alors de partir vivre avec son frère Kimbal aux côtés de son père tandis que leur sœur Tosca reste avec leur mère. De nombreuses années plus tard, il expliquera dans des interviews à la télévision et dans les journaux que si c'était à refaire, il ne le referait pas tant il semble vouer à son père aujourd'hui une haine profonde. Mais à 9 ans à peine, Elon est simplement triste de voir son papa triste lui aussi et il se met donc en tête de lui redonner le sourire en vivant avec lui.

Il déménage donc avec son petit frère dans la grande maison que son père a achetée à Johannesburg, à une soixantaine de kilomètres de Prétoria. Dans le même temps, il tombe nez à nez avec un objet qui va changer sa vie à tout jamais : un Commodore Vic 20, le tout premier ordinateur « familial » qui va devenir en moins de deux ans le plus vendu au monde. Elon est fasciné par ses touches noires encadrées par un épais clavier blanc. Quant à l'écran qui occupe une bonne place de son bureau, il distille des couleurs illuminant son regard d'enfant. Elon va donc passer des heures et des heures devant cet ordinateur surnommé « l'ordinateur copain » dans les publicités qui fleurissent à la télévision et qui mettent en scène William Shatner, l'acteur aujourd'hui iconique qui interprète le capitaine Kirk dans la série de science-fiction *Star Trek*. Ironie de l'histoire, c'est ce même William Shatner qui a décroché en 2021, à l'âge de 90 ans, le titre de touriste spatial le plus vieux du monde. Il a volé dans l'espace quelques minutes à bord de la fusée *New Shepard*, fer de lance de la société Blue Origin dirigée par le milliardaire Jeff Bezos, fondateur d'Amazon. D'ailleurs, plutôt beau joueur, Elon Musk a adressé au comédien un tweet d'encouragement juste avant son départ : « Bonne chance Capitaine ! »

Mais en 1980, Elon Musk, qui ne soupçonne même pas l'existence de Jeff Bezos – qui va devenir son principal concurrent et qui fait alors ses classes dans sa région natale du Nouveau Mexique –, apprend à vitesse supersonique le codage informatique. Il faut dire que, pour lui qui adore lire dans le but de comprendre, le Commodore Vic 20 dispose d'une notice particulièrement élaborée. Rien ne manque et tout est expliqué avec une grande clarté pour celui ou celle qui a de la patience pour déchiffrer chaque étape l'une après l'autre. La légende raconte qu'il a réussi à apprendre par cœur les dizaines de pages en trois jours et qu'il a presque tout de suite lancé la création de son tout premier jeu.

Aussi, quand Elon rentre de l'école, il n'apprend pas seulement ses leçons mais aussi un autre langage, propre à cet ordinateur et à tous ceux qui sont conçus à l'époque : le Basic. Si Elon est peu ou pas du tout enclin à communiquer avec les garçons et les filles de son école, il trouve dans le langage informatique un véritable moyen de s'épanouir dans sa bulle.

Après deux ans de maniement quotidien de son Commodore, Elon Musk, qui vient de fêter ses 12 ans, crée son tout premier jeu qu'il baptise *Blastar*. Pour sa conception, le jeune homme s'inspire de deux jeux vidéo qui font fureur en cette année 1984 aux USA, *Space Invaders* et *Asteroid*. Dans *Blastar*, un pilote solitaire doit détruire un cargo extraterrestre qui transporte des bombes à hydrogène mortelles. Une petite musique sommaire à base de bips plus ou moins aigus dont la vitesse varie selon les actions accompagne le jeu.

Au-delà de cette véritable prouesse technologique pour un enfant de cet âge, on note aussi l'incroyable et précoce capacité du jeune garçon à accompagner sa création par la recherche d'une récompense économique. En effet, le petit Elon, sûr de son « produit », n'hésite pas à écrire à un magazine spécialisé dans le jeu vidéo pour l'informer de la naissance de son jeu. Il a raison puisque quelques jours plus tard, un des responsables du mensuel le contacte pour lui proposer d'acheter la licence de son jeu. Elon accepte et cède donc le code source de *Blastar* pour 500 dollars. C'est sa toute première transaction financière. Il plante aussi le décor de ce qui va devenir plus tard son Graal : conquérir l'espace pour sauver l'humanité.

Aujourd'hui, les nostalgiques des jeux vidéo des années 1980 et les fans inconditionnels de l'homme d'affaires peuvent encore jouer à *Blastar* puisqu'il est en ligne et son accès est totalement gratuit.

Malgré cette entrée ô combien réussie dans le monde des affaires pour un enfant de 12 ans seulement, Elon doit affronter en même temps plusieurs réalités traumatisantes. Désormais élève de Bryanton High School, établissement scolaire très chic situé à Sandton, un quartier huppé de Johannesburg, il fait face à un harcèlement moral quasi permanent de la part d'un groupe d'élèves. Son attitude solitaire et secrète semble ne pas être du goût de ces garçons de 13-14 ans qui en font leur souffre-douleur. Le paroxysme est atteint lorsqu'Elon est littéralement balancé du haut d'un escalier et doit être hospitalisé plusieurs jours pour se remettre de ses blessures. Son père explique d'ailleurs dans une interview que ce jour-là, il a eu du mal à reconnaître son fils sur son lit d'hôpital tellement son visage était marqué par la douleur et les coups qu'il avait dû encaisser.

Ce même père, qui se veut attentif et à l'écoute de ses enfants, fait vivre à Elon un enfer au quotidien. Bien des années plus tard, Elon Musk se confiera sur les violences psychologiques qu'il subissait de la part de ce père qu'il décrit comme « pervers et manipulateur » jusqu'à le comparer au « diable ». Ce qui est tout de même étonnant dans ce contexte père-fils ayant abouti à une véritable haine d'Elon à l'encontre d'Errol, c'est que les deux hommes semblent avoir vécu le même scénario à plusieurs dizaines d'années d'intervalle pour lancer leurs destins d'entrepreneurs. Pour eux, tout a commencé par une vente. Pour Elon, un brevet de jeu vidéo et pour Errol, un avion !

L'histoire rocambolesque de cette transaction trouve son origine au milieu des années 1980. Errol a acheté un avion de tourisme et il a décidé de le vendre à un client en Angleterre. Le plan de vol prévoit une escale en Arabie saoudite mais Errol décide d'annuler purement et simplement cet arrêt lorsqu'il apprend que l'engin devra rester immobilisé une dizaine de jours en raison des fêtes religieuses dans le royaume. Il change donc de cap pour prendre la direction de la Tanzanie. L'appareil se pose sur la piste du petit aéroport de Bujumbura, à cinq kilomètres du célèbre lac Tanganyika. C'est là que le duo rencontre, totalement par hasard, des investisseurs italiens qui sont venus en Afrique avec l'idée de créer une compagnie aérienne. Errol leur propose donc tout naturellement de leur vendre son avion pour 80 000 livres sterling (100 000 euros environ).

Pour officialiser le deal, les Italiens demandent à Errol et son copilote de les suivre dans un hangar qui sert de siège à leur future compagnie. Là, le patron propose à Errol une autre transaction. Il divise par deux le montant de la vente ; en contrepartie, le vendeur deviendra propriétaire à hauteur de 50 % d'une mine d'émeraudes en Zambie. Errol Musk accepte. Quelques mois plus tard, c'est le début de sa richesse colossale, qu'il va construire en six années d'exploitation avant de revendre ses parts. Les pierres précieuses lui rapportent énormément d'argent et la vie de l'ingénieur sud-africain change, comme il le souligne dans plusieurs interviews données à la presse pour raconter son parcours, notamment sur le site spécialisé emeraude.fr : « Cela m'a permis d'acheter quasiment tout ce que je voulais. J'emmenais mes garçons à l'école dans une magnifique Rolls Royce décapotable et cet argent m'a aussi permis d'acheter à Elon son tout premier ordinateur qui, à l'époque, coûtait une véritable fortune. Je ne parle même pas des chevaux et de la vie de rêve que je leur ai offerts. »

Les deux garçons profitent effectivement des dollars de leur père en roulant sur des motos ou en partant en vacances dans des lieux paradisiaques mais ils veulent aussi s'en sortir par eux-mêmes. Ainsi, ils élaborent le projet de créer la toute première salle de jeux vidéo d'Afrique du Sud. Mais la mairie de Johannesburg décline cette proposition qui émane de deux entrepreneurs en herbe de 15 et 14 ans ! « Revenez quand vous aurez 16 ans, on en reparlera », leur aurait indiqué le fonctionnaire qui les a reçus dans son bureau.

Elon ne se démoralise pas pour autant et il rejoint peu après le cycle scolaire secondaire à la Boys High School de Prétoria. Comme son nom l'indique, elle n'accueille que des garçons mais cette fois, contrairement à ses jeunes années, il ne sera victime d'aucun harcèlement moral, même s'il reste un adolescent solitaire et peu communicatif. Il se concentre sur ses études et, après trois ans passés dans l'établissement, obtient son diplôme du secondaire avec deux mentions spéciales en science où il se distingue particulièrement en étant le premier de sa classe, et en informatique où il figure là encore parmi les tout meilleurs. Ses professeurs se souviennent aujourd'hui de lui comme d'un élève qui levait peu le nez de son pupitre en bois tellement il était plongé dans son travail. Danielle Albers, une enseignante en sciences de l'école, raconte dans un entretien donné à un magazine américain se souvenir de ce jeune homme qui était le seul à se poser des questions à mille lieues de celles que se posaient ses petits camarades de 16 ans : « Sa logique était totalement différente des autres. Il était curieux de tout et tout le temps, se demandant par exemple entre les cours comment fonctionnait la conduction électrique, ou encore comment un interrupteur et des fils pouvaient concrètement allumer une ampoule. Dès qu'on lui donnait l'explication scientifique, tout devenait clair pour lui et il n'avait besoin que d'une fois pour la comprendre immédiatement. »

Son diplôme du secondaire en poche, Elon s'inscrit à l'université de Prétoria. En mai 1989, juste avant de fêter ses 18 ans, il participe à un examen d'entrée exclusivement basé sur les connaissances informatiques. Il réussit ce test de programmation avec tellement de facilité que le jury, surpris par les réponses parfaites de ce jeune candidat, vérifie plusieurs fois avant de lui accorder la note maximale. Là encore, un responsable de l'établissement indique que personne avant lui n'avait passé avec autant de brio cette épreuve pourtant réputée pour sa grande complexité.

Malgré ce premier fait d'armes remarqué, Elon Musk veut changer d'air. Vivant dans un pays qui pratique alors l'Apartheid, il n'envisage pas une seule seconde d'intégrer le service militaire pourtant obligatoire, et donc potentiellement de braquer une arme sur un homme ou une femme dont la couleur de peau est différente de la sienne. Après l'obtention de son passeport où figure sa double nationalité canadienne, il prend alors la décision, avec l'accord de sa mère, de quitter son pays natal pour le Canada. Il s'inscrit en septembre 1990 à l'université publique Queen's, à Kingston, une ville de 150 000 habitants à l'embouchure de la rivière Cataraqui et du Saint-Laurent. Pour lui, c'est un changement radical de climat et de paysages. Les allées bordées de jacarandas et baignées de soleil tous les jours de l'année laissent place à un décor plus austère, composé de grands immeubles en pierre blanche et de majestueux érables dans la campagne environnante.

Il va passer deux années sur ce campus tranquille. C'est au bord du lac Ontario qu'il va rencontrer celle qui deviendra, beaucoup plus tard, son épouse et la mère de ses cinq premiers enfants. Elle s'appelle Justine Wilson. Elle est née le 2 septembre 1972 à Peterborough, au

Canada. Cette étudiante brillante suit un cursus universitaire en littérature anglaise quand elle croise le chemin d'Elon. Le coup de foudre est immédiat même si, avant de vivre avec lui, Justine part quelques mois au Japon pour enseigner l'anglais avant de s'envoler pour l'Australie, là encore comme professeur.

Pendant que sa fiancée voyage au bout du monde, Elon décide de quitter Kingston pour tenter sa chance aux États-Unis. Il s'inscrit à l'université de Pennsylvanie surnommée Upenn par ses étudiants et étudiantes. C'est une des plus vieilles institutions des États-Unis, qui a été créée par Benjamin Franklin en 1740. Elon Musk voue un véritable culte à ce physicien américain dont il connaît presque par cœur la vie et surtout les travaux scientifiques grâce à ses lectures d'enfance. L'université est spécialisée dans le domaine qu'affectionne tout particulièrement le jeune étudiant Musk : l'informatique. Mais Elon, qui veut se donner le maximum de chances de réussir dans sa future entreprise dont il commence à dessiner les contours sans savoir exactement ce qu'elle sera vraiment, entend bien ne rien laisser au hasard. Il doit pouvoir franchir tous les obstacles qui se dresseront sur sa route et pour cela, il obtient également un diplôme en économie et un autre en physique. Il commence donc les cours en 1992 et suit un cursus sans faute jusqu'en 1995, obtenant haut la main la note maximale dans ses matières de prédilection.

Durant ces années-là, Elon fixe aussi son regard sur un phénomène que certains observateurs scientifiques annoncent comme une véritable révolution mondiale. Même si les recherches liées au langage informatique ont commencé quasiment au lendemain de la Seconde Guerre mondiale, il faut attendre le milieu des années 1990 pour voir apparaître un concept totalement novateur qui va faire entrer la planète dans une autre dimension. Tout commence dans les laboratoires du Centre d'essai de recherche nucléaire (Cern) près de Genève, à la frontière franco-suisse. C'est ici que Tim Berners-Lee, un chercheur britannique, véritable génie de l'informatique, conçoit un projet qui permet aux scientifiques travaillant aux quatre coins de la Terre de communiquer et échanger des informations en même temps dès qu'ils le souhaitent. Il baptise son projet à base de 3 w : « *World Wide Web* ». À cette époque, il existait déjà un système de réseau d'ordinateurs en ligne mais l'émergence des navigateurs graphiques accélère le processus qui devient véritablement viral auprès du grand public. Il faut dire aussi que ce système basé sur l'hypertexte est mis à disposition gratuitement.

Un autre génie de l'informatique va largement participer à la mise sur orbite de ce que l'on appellera plus tard la toile numérique. Brewster Kahle, diplômé d'un prestigieux MIT (Massachusetts Institute of Technology), a conçu un logiciel capable de rechercher en un temps record des informations dans des bases de données pour proposer ensuite des résultats par ordre de pertinence. Il ne se contente pas de ces calculs savants et compliqués puisqu'il décide de créer en parallèle son entreprise. Il s'adresse directement aux éditeurs de presse pour leur proposer sa technologie novatrice. C'est le début des sites internet, avec ceux du *Wall Street Journal* ou encore du *New York Times*, parmi les plus connus.

Ces bouleversements technologiques qui s'additionnent les uns aux autres de façon quasi quotidienne ne peuvent que donner des idées à Elon Musk. Il comprend immédiatement qu'il tient là son El Dorado, même si lui reste encore à le conquérir.

En 1994, il décroche un job d'été à San José, au Pinnacle Research Institute où il est payé 14 dollars de l'heure, comme le raconte Ashlee Vance, auteur de la biographie *Elon Musk. L'Entrepreneur qui va changer le monde*[1]. Le journaliste détaille la rencontre d'Elon Musk, alors âgé de 23 ans, avec un dirigeant de la start-up spécialisée dans le stockage d'énergie dans des ultracondensateurs : « Avec l'aplomb de sa jeunesse, il lui annonce que la finance va inévitablement muter vers les systèmes en ligne. Son interlocuteur lui rétorque alors que beaucoup d'eau passera sous les ponts avant que la sécurité du

1. Paris, Eyrolles, 2017.

Web soit suffisante pour les consommateurs. Elon Musk précise alors comment il imagine concrètement son projet en s'exclamant que c'est sans doute la plus grande opportunité de tous les temps ! Séduit par cet enthousiasme et l'argumentation technique, le dirigeant de la start-up décide de soumettre l'idée au PDG mais ce dernier le rejette immédiatement pour la plus grande consternation d'Elon Musk. »

Quelques années après, Elon Musk est revenu sur cet épisode de sa vie en résumant cet « échec » par cette formule : « J'ai souvent repensé à ce moment lorsque j'ai dû batailler avec les banques et paradoxalement cela m'a donné encore plus confiance. En fait, les banquiers se copient mutuellement. Ils n'ont pas vu l'immense tas d'or qui s'élevait et, forcément, aucun d'entre eux n'a eu l'idée de le ramasser. »

En 1995, il s'inscrit à l'université de Stanford, en Californie, avec pour objectif d'obtenir un doctorat en physique énergétique. Mais cette fois, il met fin à son cycle universitaire quasiment avant d'avoir véritablement entamé les cours. Quarante-huit heures après la rentrée, il décide de tout abandonner pour se lancer dans la création de sa toute première entreprise. La légende raconte que l'idée lui est venue presque par accident. Un jour, alors qu'il était encore en stage dans une entreprise gagner un peu d'argent de poche, un démarcheur des pages jaunes (en version papier) vient rencontrer des responsables de la société. L'homme a toutes les peines du monde à expliquer sa démarche mais Elon Musk comprend tout de suite. C'est exactement ce qu'il va faire. Des pages jaunes. Un guide comme personne n'en a connu. Cette fois, le papier n'existera plus et il sera remplacé par le numérique. Pour lui, c'est le début d'une extraordinaire ascension.

3

Let's go !

Pour créer ZIP 2 (dont le premier nom officiel a été Global Link), Elon Musk entraîne dans son sillage son petit frère Kimbal mais aussi un entrepreneur américano-libanais, Greg Kouri, de dix ans son aîné. L'investisseur est un ami de longue date de la famille Musk et il n'a jamais perdu de vue Elon, persuadé qu'un jour, leurs chemins se croiseraient.

Quand Elon lui demande de l'aider à financer avec quelques milliers de dollars son projet qui consiste à créer un annuaire numérique complet comme il n'en existe peu ou pas à l'époque, il n'hésite pas une seule seconde. Il semble aussi qu'Errol, le père d'Elon Musk, ait voulu participer à hauteur de 28 000 dollars. Il affirme les avoir donnés à son fils mais Elon a toujours réfuté cette information. Une chose est sûre : le trio installe ses ordinateurs dans un bureau de la ville de Palo Alto, au 430 Sherman Avenue. Dans ce petit immeuble tranquille de deux étages entouré d'arbres, les deux frères ont décidé de louer un appartement d'une soixantaine de mètres carrés, éclairé par une grande baie vitrée. Ils commencent par éditer des cartes de visite en lettres bleues sur fond blanc (« Zip 2 ») ; comme logo, une forme ressemblant à un bonhomme qui semble courir, les cheveux au vent, en agitant les bras comme un sprinteur.

Pour expliquer aux investisseurs et à ses futurs clients pourquoi ils doivent le suivre dans son futur guide en ligne, Elon Musk ne part pas dans un long argumentaire détaillé. Il préfère, comme à son habitude, s'appuyer sur une image que tout le monde peut comprendre aisément. Ainsi, il choisit l'exemple de la pizza : « Chaque personne doit pouvoir trouver la pizzeria la plus proche de l'endroit où elle se trouve et y parvenir le plus facilement et le plus rapidement possible. Mon guide permet cela et plus encore ! » résume-t-il en une phrase. L'idée d'Elon Musk est simplissime et semble couler de source aujourd'hui mais en ces temps où la Toile en est à ses balbutiements, pas facile, même pour lui, d'entraîner autant d'investisseurs qu'il le souhaiterait. Pas grave. Elon sait qu'il a de toute façon pas mal de nuits blanches à passer pour écrire lui-même les codes nécessaires au bon fonctionnement de son guide. Cette toute première incursion dans le monde des affaires laisse d'ailleurs entrevoir sa capacité de travail quasiment hors norme dont il parle aujourd'hui encore pour expliquer sa réussite.

Avec son frère, Kimbal, il squatte littéralement le bureau vingt-quatre heures sur vingt-quatre et sept jours sur sept. Il résume cette période de sa vie par cette formule « La nuit je codais et la journée je vendais ! » Son oncle Scott Haldeman témoigne de l'implication absolue de son neveu dans son projet : « Il était capable de travailler 70, 80, 90 heures par semaine sans arrêt. La première fois que je l'ai vraiment remarqué, c'est quand il est venu fêter Noël à la maison avec son frère Kimbal. Ils sont restés quelques jours jusqu'au 25 décembre. Elon ne faisait que travailler dès qu'il se levait le matin jusqu'à s'endormir le soir. Même le jour de Noël, alors que tout le monde était excité en ouvrant les cadeaux au pied du sapin, Elon était encore la tête dans son projet et prenait des notes ! »

Après quelques semaines, le bouche-à-oreille fonctionne à plein régime et Zip 2 se propage dans plusieurs villes américaines. De nombreux journaux dont le *Boston Globe*, le *New York Times* ou encore le *Knight Ridder* sont séduits par ce logiciel qui est aussi un des premiers à faire état de critiques sur les lieux de loisirs et de restauration. Zip 2 détaille aussi de nombreuses annonces immobilières.

Au fil des mois, Zip 2 permet enfin de mettre en ligne pour la première fois de l'histoire de la presse aux USA plusieurs centaines de journaux régionaux et même municipaux. Même la plus petite publication confidentielle peut désormais, grâce à Elon Musk, se faire connaître à l'autre bout du pays.

La petite société de Palo Alto commence à se faire un nom, et il est de plus en plus populaire. À la fin de l'année 1995, Elon Musk décide d'étoffer l'équipe en salariant plusieurs personnes. La toute première embauche dans l'histoire de l'empire Musk est celle de Jeff Heilmann. C'est un jeune homme d'une vingtaine d'années, un peu paumé comme il se définira plus tard dans une interview, mais totalement passionné par le phénomène Internet dont il mesure lui aussi tout de suite le potentiel.

Craig Mohr rejoint rapidement la petite bande. C'est un ancien agent immobilier à peine plus âgé que Jeff Heilmann mais lui aussi convaincu qu'il peut changer radicalement de vie avec Internet. Elon et son frère décident donc de confier à ce duo improbable la mission de convaincre les futurs clients et de faire entrer du cash dans la société. La technique de vente choisie par Elon Musk a déjà fait ses preuves : le porte-à-porte ! Il demande donc à ses deux premiers salariés d'arpenter les zones industrielles et les centres-villes en quête de futurs et contrats prometteurs. Elon Musk reconnaît que les débuts ont été laborieux.

Dans son livre *Biographie d'un génie et d'un titan des affaires* paru en 2019[1], Nate Whitman raconte les débuts hésitants de la société et le scepticisme que les deux frères Musk ont dû combattre sans relâche : « Les premiers clients s'esclaffent presque quand ils entendent l'offre d'abonnement à ce guide nouvelle génération. Beaucoup d'entre eux sont convaincus que ce fameux Internet ne marchera jamais ! » Nate Whitman relate aussi le parcours des premiers « commerciaux » d'Elon Musk, notamment celui de Craig Mohr. C'est lui qui a l'idée d'aller démarcher des concessionnaires automobiles pour leur proposer de figurer dans le guide Zip 2 : « Quand j'ai proposé mon idée à Elon et Kimball, ils m'ont dit pourquoi pas ! Après avoir essuyé pas mal de refus, j'ai enfin décroché le gros lot avec un concessionnaire et je suis revenu au bureau avec un chèque de 900 dollars dans la poche. Je leur ai dit : "Alors les gars, je fais quoi avec cet argent ?" Je me souviens qu'Elon a tout de suite arrêté de taper sur son clavier et s'est exclamé avec un grand sourire : "C'est incroyable, tu as reçu de l'argent !" » De son côté, Jeff Heilmann se souvient aussi de tranches de vie épiques dans le petit bureau : « Elon codait vraiment tout le temps. Il dormait presque toutes les nuits sur une sorte de fauteuil poire et il nous demandait de lui donner

1. Paris, Babelcube.

des coups de pied le matin pour le réveiller. En fait, on n'avait pas vraiment à faire cela puisqu'il ne dormait pas et il nous disait aussi que le sommeil était le truc qui le gênait le plus ! »

Durant plusieurs mois, la tribu Zip 2 cohabite dans des conditions sommaires et les deux frères squattent littéralement la salle de bains d'une auberge de jeunesse toute proche de leur bureau pour faire leur toilette quotidienne. Afin d'aider son équipe commerciale dans sa force de persuasion, Elon a l'idée de lui offrir une mallette digne des plus grands agents secrets. Il s'agit en fait d'une grande valisette en cuir noir dans laquelle est fixé un PC. Le tout repose sur un socle à roues car à l'époque, le PC portable n'est encore qu'un concept en phase d'expérimentation ! Une chose est sûre, l'objet fait son effet et résume à lui seul l'esprit de la société Zip 2 qui fait désormais partie d'un nouveau système économique dont le nom va se propager dans presque tous les secteurs d'activité durant les années qui vont suivre, et encore aujourd'hui : les start-up !

On doit ce terme à Eric Ries, entrepreneur américain diplômé de Yale qui, le premier, a utilisé ce terme dans son livre *The Lean Start up*[1] où il plante les bases de cette nouvelle façon d'aborder le monde de l'entreprise grâce à

1. Paris, Pearson, 2012.

une recherche permanente d'innovation. Lorsque la start-up franchit un cap financier qui assure sa pérennité, on parle d'une licorne. Si ce terme n'est né qu'en 2013, fruit de l'imagination d'Aileen Lee, une femme investisseur en capital-risque devenue une véritable star aux USA, il peut s'appliquer à Zip 2 au début de l'année 1996. Un an à peine après sa création, la petite société intéresse au plus haut point de grands groupes et l'un d'entre eux, Mohr Davidow Ventures, décide d'investir 3,6 millions de dollars en échange d'une participation majoritaire. En clair, Elon Musk doit céder sa place à la tête de son entreprise. C'est une véritable révolution culturelle pour lui mais son sens inné du pragmatisme le convainc aisément de se satisfaire de cette situation nouvelle.

Les dollars pleuvent et il sait que ce n'est que le début. Elon Musk reste de toute façon vice-président exécutif de Zip 2 et directeur de la technologie de la société qu'il a créée. C'est Richard Evan Sorkin, homme de confiance de l'actionnaire majoritaire, qui est nommé à la tête de Zip 2. Cet ancien élève brillant de l'université de Stanford et de Yale né à New York en 1962 a commencé sa carrière à la Nasa avant de s'intéresser de près à la recherche sur les supercalculateurs dans la Silicon Valley. Au milieu des années 1990, il devient une des figures incontournables du secteur. Âgé de 33 ans quand il prend les commandes de Zip 2, il commence par faire déménager l'entreprise dans un immeuble plus confortable avec davantage d'espace de travail, au 390 Cambridge Avenue. Peu à peu, Zip 2 passe de l'improvisation à un fonctionnement beaucoup plus structuré, avec l'arrivée de nouveaux ingénieurs qui simplifient le codage jusqu'alors très volumineux mis en place par Elon Musk.

La philosophie de la start-up elle-même, basée jusqu'ici sur la volonté d'Elon d'accomplir une tâche le plus rapidement possible, est modifiée puisque Jim Ambras, nouveau vice-président de l'ingénierie, autorise de prendre un jour ou deux si nécessaire pour la résolution d'un problème. Cette nouvelle direction se solde par un succès colossal. La société se spécialise dans la création de progiciels destinés à être vendus aux journaux pour leur permettre de réaliser leurs propres répertoires d'adresses et de petites annonces, un grand bond vers une large autonomie que n'hésitent pas à faire la quasi-totalité des grands groupes de presse du pays. Cette réussite ne semble pourtant pas réjouir Elon Musk qui reste persuadé que la stratégie choisie par son successeur éloigne trop Zip 2 des préoccupations du grand public. Il voit également d'un mauvais œil le projet de fusion de la société avec sa concurrente directe du moment, City Search.

C'est dans ce contexte d'incertitude relative qu'un coup de théâtre change totalement la donne : l'énorme groupe informatique Compaq fait une offre de 400 millions de dollars cash pour acheter Zip 2 en février 1999. Dans cette opération totalement inattendue, Elon Musk gagne, en tant que fondateur de la société, un pactole de 22 millions de dollars.

Il vient de fêter ses 28 ans.

4

Paypal

Mars 1999. Un gigantesque camion manœuvre dans une rue tranquille d'un quartier résidentiel de Palo Alto. Une caméra zoome sur un clignotant avant qu'Elon Musk entre dans le cadre. Pantalon noir, chemise claire et veste marron, il arbore un grand sourire en expliquant à l'équipe de CNN venue spécialement l'interviewer qu'il attendait ce jour avec beaucoup d'impatience. Justine Wilson, sa fiancée qui l'a rejoint depuis plusieurs mois en Californie, est à ses côtés. Le hayon du semi-remorque s'ouvre peu à peu et laisse apparaître une voiture de sport de couleur grise, une McLaren F1 produite à seulement 62 exemplaires dans le monde. Elon Musk a dépensé 1 million de dollars pour se l'offrir.

Alors que Justine le rejoint dans l'habitacle exigu de ce bolide de plus de 600 chevaux capable de passer de 0 à 100 km/h en 3 secondes, Elon Musk explique, presque incrédule, qu'il y a moins de trois ans, il dormait encore sur le sol de son bureau et prenait des douches dans une auberge de jeunesse. Justine est aux anges et passe ses bras autour de son cou avant que la voiture démarre et tourne, après quelques secondes, dans un angle de rue. Juste avant cette scène finale digne d'un biopic hollywoodien, Elon Musk a pris le soin d'expliquer aux journalistes son prochain objectif. On l'a en effet vu s'avancer vers un guichet de banque automatique et annoncer face caméra en toute tranquillité, d'une voix douce et assurée, qu'il allait à présent « révolutionner » le monde de la banque ! Une annonce qui ne passe pas inaperçue, même si beaucoup d'observateurs de la vie économique restent mesurés quant à ses chances de réussir dans ce secteur. En effet pour l'heure, les médias mettent surtout en avant la réussite insolente de ce jeune homme qui, outre sa voiture, incroyable s'est offert un gigantesque appartement et un avion à hélice pour suivre les traces de son grand-père disparu.

En décembre 1999, soit quelques mois après la diffusion de ce reportage sur la chaîne d'information américaine, Elon Musk annonce qu'il vient d'investir 12 millions de dollars dans la création d'une banque en ligne, baptisée X.Com. Comme toujours, son idée de départ est simple :

permettre à n'importe qui de gérer son compte en payant ses achats sur Internet. Ce qui semble évident aujourd'hui ne l'était pas du tout à l'époque où la banque en ligne en était encore à ses balbutiements. Mais Elon, persuadé de la réussite de son entreprise, n'hésite pas à critiquer ouvertement les professionnels de ce secteur qu'il juge « peu imaginatifs » et « beaucoup trop conservateurs ». Il veut donc privilégier la simplicité grâce à une opération manuelle qui s'effectue en quelques clics sur un clavier d'ordinateur, mais aussi l'efficacité en faisant voyager l'argent des paiements grâce à la seule adresse électronique du bénéficiaire.

Elon Musk fait fructifier son image de petit génie de la Silicon Valley et il fait lui-même la promotion de sa société qui attire à elle en quelques mois plus de 200 000 clients. Tout irait pour le mieux dans le meilleur des mondes s'il n'apprenait pas qu'une société similaire à la sienne vient le concurrencer directement. Hasard de la géographie, comme la sienne, elle est localisée dans la ville de Palo Alto. Son nom : Confinity. Elle a été conçue en 1998 par Peter Thiel, 32 ans, un ancien étudiant en philosophie aujourd'hui entrepreneur, d'origine allemande, qui a recruté plusieurs étudiants en informatique parmi les plus brillants et prometteurs de l'université Urbana-Champaign, dans l'Illinois, dont Luke Nosek (24 ans), d'origine polonaise, et Max Levchin (24 ans), d'origine ukrainienne.

Ce trio créatif lance au mois de décembre 1999 un nouveau service qui a pour nom Paypal. Elon Musk comprend tout de suite que cette innovation dépasse de loin toutes les autres et il se met en tête de se l'approprier. Après plusieurs mois de bataille commerciale acharnée entre les deux sociétés concurrentes, un rapprochement se dessine entre X.com et Confinity. Les deux états-majors se rencontrent à plusieurs reprises dans un lieu incontournable de la Silicon Valley. Le Buck's est un restaurant situé dans le quartier de Woodside, à Palo Alto. Depuis son ouverture au milieu des années 1980, il est devenu l'établissement préféré des génies d'Internet et des spécialistes du capital-risque. Sa décoration est singulière : on peut y dîner ou déjeuner sous le museau parfaitement conservé depuis 1800 d'un requin scie qui fait partie de l'héritage de l'écrivain Jack London, ou devant une chaussure encore lacée du joueur de basket Shaquille O'Neal, sans parler d'une impressionnante collection de sabres datant de la guerre de Sécession ou du tout premier ordinateur assemblé par Steve Wozniak (cofondateur d'Apple) en 1976. C'est un véritable musée qui regorge d'objets plus insolites les uns que les autres et de nombreux souvenirs de voyage rapportés par le maître et fondateur des lieux, Jamis MacNiven.

C'est donc dans ce décor de brasserie psychédélique et fantaisiste qu'Elon aime venir déguster la spécialité indiscutable du chef depuis plusieurs décennies : l'artichaut grillé au crabe et aux crevettes. C'est ici aussi, autour d'une petite table rectangulaire en bois, qu'il parvient à convaincre les dirigeants de Confinity d'accepter le plan de fusion qu'il leur propose.

La fusion est officialisée dans le courant du mois de mars 2000. Elon Musk devient donc le grand patron de cette nouvelle entreprise qui, pour le moment, garde le nom unique de X.Com. Elon Musk trouve en effet que ce nom est beaucoup plus vendeur que « Paypal », un nom auquel il ne croit pas. Une chose est sûre, Confinity cesse d'exister et cède ses bureaux à une autre start-up qui se fera un nom dans les mois qui suivent : Google ! Cette fusion s'accompagne d'une levée de fonds de 100 millions de dollars avec l'arrivée, dans un premier temps, de Nokia (géant planétaire de la téléphonie mobile) et de la Deutsche Bank (leader mondial des services financiers) puis celle de Goldman Sachs, un des groupes bancaires les plus célèbres et les plus anciens des USA.

Un avenir radieux semble se dessiner pour Elon qui s'est marié avec Justine Wilson au mois de janvier 2000 et avec qui il prévoit de partir en voyage de noces en Australie. Lorsqu'il est dans son bureau, Elon Musk dirige la nouvelle entité comme il l'a toujours fait : il fonce ! Mais, X.Com a changé de dimension et, désormais, la société emploie plusieurs dizaines de salariés et des cadres devant remplir des fonctions bien précises. C'est le cas de Julie Anderson, chargée des relations publiques.

Elle se souvient dans une interview ce qu'elle a ressenti lorsqu'elle a commencé travailler avec Elon Musk : « Ce qui m'a d'abord paru évident quand je l'ai rencontré, c'est sa détermination sans faille. On devinait tout de suite chez lui un côté passionné par tout ce qu'il voulait entreprendre. Il m'a aussi semblé très clair dès le début qu'Elon ne jouait pas selon les règles habituelles de la vie, des affaires ou de quoi que ce soit d'autre. Je n'avais donc qu'à me laisser entraîner dans sa danse ! »

Malgré son nouveau statut, Elon Musk ne change pas sa méthode de travail et continue de multiplier les heures de présence, comme à ses débuts dans son petit studio de Palo Alto quelques années auparavant. Il multiplie les opérations de promotion pour faire parler de X.Com. En coulisse, la révolte gronde chez les fondateurs de Confinity qui semblent se démarquer de la stratégie de leur patron virevoltant. Parmi les « conjurés de X.Com », Peter Thiel est sans doute le plus opposé à Elon Musk. Il n'a jamais vraiment digéré la fusion et il attend le bon moment pour prendre sa revanche. L'occasion lui est donnée lorsqu'Elon annonce, à la fin de l'été 2000, qu'il part en voyage de noces à Sydney avec Justine. Profitant d'un flou juridique dans les statuts de l'entreprise, il provoque une réunion d'urgence du comité de direction pendant qu'Elon Musk est dans les airs, entre les États-Unis et l'Australie. Peter Thiel est nommé à sa place à la tête de X.Com qui, cette fois, change définitivement de nom pour celui de Paypal.

Lorsqu'il rentre de lune de miel, Elon Musk, qui a appris la nouvelle avant son vol de retour, ne peut rien faire pour changer la donne. À la surprise générale, il accepte ce changement sans faire de vagues. Il faut dire qu'il reste l'actionnaire principal de Paypal – avec 11,7 % des parts – et que son rôle de conseiller spécial n'est pas remis en cause. Les méthodes de travail en interne ont évolué vers davantage de dialogue même si Elon participe activement à la bonne marche de la société. Le flot de clients ne cesse de gonfler et dépasse le million à la fin de l'année 2001. L'ascension de Paypal est fulgurante et l'annonce de l'introduction en Bourse de la start-up n'est pas une surprise pour les spécialistes de la « bulle Internet ». En février 2002, Paypal entre donc officiellement en Bourse et son action gagne 54 % quelques heures seulement après le début de sa cotation. L'entreprise californienne engrange affiche désormais un chiffre d'affaires de 240 millions de dollars.

Malgré cette réussite insolente, Elon Musk se fait plus discret sur le plan médiatique. Sans doute a-t-il déjà la tête ailleurs, même si personne ne peut se douter de l'incroyable coup de théâtre qui va le propulser à nouveau sous les feux de l'actualité. Au mois de juillet 2002, le site de ventes aux enchères eBay, créé en 1995 par le Français d'origine iranienne Pierre Omidyar, offre 1,5 milliard de dollars à Paypal pour racheter la société. Le conseil d'administration valide cette demande et Elon Musk décroche le jackpot en touchant 180 millions. Il décide alors de quitter Paypal, même si le départ était effectif car il ne participait plus à la vie de la société, se contentant de quelques coups de téléphones ou visio conférences pour donner son avis. Dans la plus grande discrétion, il préparait déjà le coup suivant. Une stratégie apprise durant ces longues parties d'échecs quand il était petit.

C'est d'ailleurs peut-être vers cette période de sa vie qu'il faut se tourner pour comprendre ce qu'il entreprend à ce moment-là. Ses rêves de gosse le faisaient voyager vers l'espace infini ou sur les routes américaines, avec des voitures toutes plus fantastiques les unes que les autres. Devenu adulte, il décide donc tout naturellement de révolutionner l'industrie spatiale et l'industrie automobile en créant deux sociétés. Il vient de fêter ses 31 ans et il repart pour une nouvelle aventure qui s'annonce, elle aussi, palpitante.

5

Double vie

Que faire avec 180 millions de dollars ? En 2002, Elon Musk ne se pose pas longtemps la question. Comme toujours, il a déjà préparé son futur. En l'an 2000, il a fondé dans la plus grande discrétion la société Space Exploration Technologie Corp dans un local commercial de la ville d'El Segundo, située le long de la baie de Santa Monica, en Californie, à quelques encablures de l'aéroport de Los Angeles. Il ambitionne de mettre au point un lanceur spatial qui lui permettrait de diviser par dix le coût d'une mise en orbite. Dans un premier temps, il cherche à acheter des missiles balistiques et s'adresse directement à l'industrie spatiale russe. Il se rend à Moscou pour rencontrer des ingénieurs et leur expliquer son idée, mais il repart bredouille avec l'impression que personne ne croit vraiment à sa vision des choses. Une société russe lui propose un missile pour 20 millions de dollars. Elon Musk refuse catégoriquement cette offre. Puisque personne ne veut lui vendre ce qu'il demande à un prix qu'il estime raisonnable, il va le fabriquer lui-même !

Le pactole décroché grâce à la vente de Paypal lui permet de lancer son incroyable projet : fabriquer un lanceur non seulement moins cher mais aussi réutilisable ! Lorsque la communauté spatiale est informée du projet du jeune investisseur, celui-ci se heurte au scepticisme général. Il faut dire que le domaine est réservé à deux puissances majeures depuis la fin de la Seconde Guerre mondiale : les USA et la Russie. On peut ajouter à ce duo la France, véritable fer de lance de la Communauté européenne dans la conquête spatiale. Personne parmi les sommités de l'industrie spatiale n'imagine une seconde que ce singulier entrepreneur, sûr de lui et grande gueule, va effectivement révolutionner ce paysage. Il faut dire que la première photo du staff de la nouvelle start-up peut prêter à sourire. Elle a été prise dans une salle du restaurant mexicain La Fiesta à cap Canaveral, en Floride, juste à côté de la célèbre base de lancement de la Nasa. On distingue une brochette d'hommes âgés d'une trentaine d'années en jeans et tee-shirt. Au milieu d'eux, quatre mariachis en tenue traditionnelle mexicaine, pantalons noirs, chemises blanches, grandes guitares et sombreros sur la tête ; sur leur gauche, Elon Musk tenant dans ses mains des maracas qu'il agite frénétiquement en éclatant de rire. Bref. Qui peut imaginer que cette équipe est celle qui, quelques années, plus tard fera de SpaceX le nouveau numéro 1 mondial de l'espace ?

Il faut dire que si on regarde plus près ce cliché, on comprend très vite qu'Elon Musk n'a rien laissé au hasard pour constituer cette brochette de talents. D'abord, Tom Mueller. C'est un des plus grands experts mondiaux en matière de propulsion d'engins spatiaux. Cet ingénieur surdoué, de huit ans l'aîné d'Elon Musk, deviendra d'ailleurs très vite son bras droit et l'artisan essentiel de la création des futurs lanceurs de SpaceX. Parmi les autres participants, on peut noter la présence de Phil Kassouf, spécialiste en recherche et développement, ou encore d'Hans Koenigsmann, titulaire d'un doctorat en ingénierie. Ce dernier a pris sa retraite après plus de vingt ans de bons et loyaux services dans le courant de l'année 2021 et il a raconté dans une interview à une chaîne de télévision américaine ce qu'il avait ressenti en rencontrant Elon Musk au début des années 2000 : « Quand je suis arrivé à SpaceX, j'ai hérité du numéro 7 ! En effet, j'étais le septième salarié embauché par Elon. Au départ, je me suis vite rendu compte qu'il ne connaissait pas grand-chose aux fusées mais j'ai été sidéré de voir à quelle vitesse il parvenait à se mettre au niveau. C'était vraiment incroyable à vivre. Il avait aussi une vision globale et il nous entraînait dans son rythme effréné de travail où les week-ends de repos étaient rarissimes ! » Dernier personnage sur la grande photo : Chris Thompson, lui aussi un ingénieur brillant, qui va participer à l'éclosion de SpaceX même si, quinze ans plus tard, son nom alimentera une polémique sur les réseaux sociaux sans qu'il en soit responsable pour autant. En effet, un journaliste lui aurait accolé la mention de cofondateur de SpaceX dans un reportage. La réplique d'Elon Musk a été immédiate et sans fioriture : « Le fait d'être un des premiers salariés de SpaceX ne fait pas absolument de lui un cofondateur de la société que j'ai fondée le 6 mai 2002. »

Durant cette période, comme si cette nouvelle entreprise ne lui suffisait pas, Elon Musk décide de s'intéresser de très près à une start-up en laquelle il croit dur comme fer : Tesla. Elle a été créée au début de l'année 2003 et il faut à nouveau ouvrir la porte du restaurant Buck's, à Woodside, pour se plonger dans cette naissance particulière. En effet, c'est ici que Martin Eberhard nous a raconté la genèse de Tesla avec un sourire dans la voix. Après son divorce et pour se redonner un peu le moral, Martin Eberhard décide de s'offrir une voiture de sport. Il se rend alors chez un concessionnaire d'une célèbre marque de bolides allemande mais quand il voit les prix, il fait demi-tour et change d'avis. Il réfléchit alors à une alternative : une voiture électrique. Car cet ingénieur de formation est aussi un entrepreneur imaginatif. Constate qu'aucun constructeur américain ne s'intéresse à la voiture électrique, il se dit qu'il va s'engager dans ce secteur non concurrentiel qui lui tend les bras : « Tu es complètement cinglé ! » lui rétorque son meilleur ami et associé, Marc Tarpenning, qui, pourtant, accepte de se lancer dans l'aventure avec lui.

La start-up Tesla est officiellement lancée depuis le restaurant de Jamis MacNiven qui, en passant les doigts dans sa longue barbe blanche devant l'équipe de télévision d'une chaîne américaine, se souvient de ce moment précis : « Ça s'est passé autour de la table 40 ! Tesla a été littéralement fondée chez moi car j'ai coutume de dire qu'une fondation est réelle quand l'argent touche la table ! C'est exactement ce qui s'est passé avec Martin et Marc. Elon aime dire qu'il est un fondateur mais dans ce cas, ce n'est pas lui, il n'était pas là. Il a porté Tesla au sommet mais il ne l'a pas trouvé ! J'en ai parlé chez Buck's, où il revient de temps en temps. C'est vraiment un titan de l'industrie dont on se souviendra longtemps. »

Martin Eberhard revient sur le concept que le duo a lancé en 2003 dans une interview donnée au site d'information Temps.com en 2020 : « Nous sommes partis du principe qu'une nouvelle technologie n'est ni économique ni accessible. C'était pareil avec les TV à écran plat. Les nouvelles technologies naissent dans le segment premium, et s'imposent seulement ensuite dans la production de masse. En tant qu'ingénieur électricien, je savais comment construire une voiture qui cloue le bec à toutes les autres.

C'est pourquoi la première Tesla a été une coûteuse voiture de sport. Et ça a marché. La Tesla Roadster a bouleversé la perception de la voiture électrique dans le monde entier. En plus, nous avons recouru à des technologies qui n'avaient jamais été utilisées pour des voitures. Personne n'avait choisi de batteries lithium-ion dans ce domaine. Nous avons lancé quelque chose de durable. »

Elon Musk n'est certes pas le fondateur de Tesla mais il s'intéresse depuis quelques années à la voiture électrique. En 2000, il découvre l'étonnante Tzero, mise au point par la société américaine AC Propulsion, comme il le rappelle de vive voix dans un podcast qui raconte ses débuts dans le monde de la voiture électrique. C'est un véhicule de couleur jaune vif, avec un tableau de bord rouge écarlate et un siège baquet rouge également. Le prototype ne laisse pas Elon Musk indifférent mais la sportive, certes électrique, n'est pas du tout prête à être commercialisée. Elle présente trop d'imperfections et la sécurité à bord est loin d'être assurée. Elon Musk hésite à investir chez ce fabricant quand il entend parler de l'existence de Tesla.

Il entrevoit tout de suite le potentiel de cette start-up. Il demande à ses fondateurs de lui expliquer clairement leur projet. Ce jour-là, dans les bureaux spartiates de SpaceX, ils sont accompagnés par Ian Wright, ingénieur en charge de faire un topo technique détaillé sur la voiture électrique telle que l'imagine la start-up. Comme pour les fusées, Elon Musk a envie d'apprendre sur ce sujet qui le passionne. Puisqu'il dirige déjà SpaceX et que l'entreprise, bien que balbutiante, occupe largement ses journées, il leur propose « simplement » de s'investir dans l'ingénierie de la voiture durant son temps libre, soit vingt à trente heures par semaine. Étonnés mais séduits, les créateurs de Tesla acceptent ce deal original. Après tout, ils savent qu'ils ont devant eux Elon Musk et qu'avec lui, rien ne se fait vraiment comme avec les autres. Mais très vite un problème de leadership se pose pour diriger l'entreprise, et Elon Musk se propose au poste de président du conseil d'administration. Martin Eberhard dirige la société qu'il a cocréée. Quant à Ian Wright, il comprend qu'il n'y a pas de place pour lui et il quitte la société en 2004. Cette même année, Elon Musk décide d'investir 6,3 millions de dollars dans le capital de Tesla et devient définitivement le *big boss*, avec un projet d'envergure : construire de toutes pièces la GigaFactory 1 qui fabriquera des batteries lithium-ion sur 180 000 m^2. Le site choisi pour cette usine qui aura la forme d'un L gigantesque, avec des murs blancs surmontés d'une spectaculaire bande rouge, se trouve à 35 kilomètres de Reno, dans le Nevada, presque au milieu du désert.

Tesla et SpaceX. Elon Musk est prêt à mener de front deux aventures industrielles qui vont définitivement le faire entrer dans la légende même si tout ne va pas se passer comme il l'avait prévu, que ce soit sur l'asphalte ou dans l'espace. Sur le plan personnel, il se prépare aussi à vivre de grands changements. Depuis son mariage avec Justine Wilson en 2000, Elon vit le parfait amour dans sa grande et belle maison. Les deux trentenaires qui figurent dans le gotha des couples riches et célèbres de la Silicon Valley font régulièrement la une des magazines people qui racontent la vie rêvée de ce couple à qui tout semble réussir. En 2002, Justine et Elon Musk vivent pourtant un drame épouvantable. Dix semaines après la naissance de leur premier enfant, Nevada Alexander, le bébé décède du syndrome de la mort subite du nourrisson. Dans une interview donnée en 2018 dans un journal américain, Elon Musk est revenu sur le drame : « Mon premier petit garçon est mort dans mes bras. J'ai senti les battements de son cœur s'arrêter et on était impuissants. » Le drame s'est déroulé alors que Justine et Elon venaient de laisser le bébé dans sa chambre en pensant qu'il s'était endormi. Lorsqu'ils sont revenus quelques minutes plus tard pour le voir, il avait arrêté de respirer. Une équipe de médecins urgentistes est vite arrivée sur place et est parvenue à relancer la respiration du nourrisson. Mais celui-ci, resté trop longtemps privé d'oxygène, décède dans les bras de son père.

Malgré la douleur incommensurable qui les frappe, Elon et Justine restent plus soudés que jamais et ils décident de recourir à la fécondation *in vitro*. En 2004, Justine met au monde des jumeaux prénommés Xavier et Griffin. Deux ans plus tard, après une nouvelle fécondation *in vitro*, Elon et Justine accueillent des triplés prénommés Kai, Saxon et Damian. Le clan Musk est désormais une famille nombreuse. Comme il le fait pour tous ses projets, Elon Musk s'engage là aussi dans son rôle de papa sans retenue, même s'il aurait besoin d'une journée de quarante-huit heures pour pouvoir tout mener de front. La famille quitte Palo Alto pour une grande maison à Los Angeles en 2001.

C'est l'année où le multimillionnaire fête son trentième anniversaire en toute simplicité, comme le raconte Ashlee Vance dans sa biographie d'Elon Musk[1] : « Il a d'abord loué un château médiéval en Angleterre pour y organiser un cache-cache géant avec vingt-deux invités. Il a continué cette fête à Paris mais cette fois uniquement avec ses cousins et son frère Kimball. Après un bon repas, ils sont tous partis ensemble faire du vélo dans les rues de la capitale jusqu'à 6 heures du matin. Ensuite ils sont montés dans l'Orient Express sur les quais de la gare de l'Est. Le train les a conduits jusqu'à Venise. Toute la famille s'est retrouvée dans le célèbre hôtel Danieli, à deux pas de la place Saint-Marc. Elon a organisé une fête costumée et il a eu l'idée d'un combat où il est arrivé habillé comme un chevalier, avec un parasol en guise de lance et, face à lui, un nain qu'il avait embauché qui portait le costume de Dark Vador ! »

1. *L'Entrepreneur qui va changer le monde*, *op. cit.*

Au-delà de cette scène totalement surréaliste, Elon Musk semble profondément ému par la découverte de la cité lacustre. Preuve en est son idée, en mars 2021, de nommer un « doge » pour diriger StarBase, la ville du futur qu'il entreprend de construire au Texas. Le doge était autrefois l'homme qui dirigeait Venise.

Après cet anniversaire pour le moins animé, Elon Musk rentre aux États-Unis et reprend sa double vie professionnelle qu'il partage entre Tesla et SpaceX. Pour s'organiser le mieux possible, il peut compter sur l'appui indéfectible de Mary Beth Brown. La jeune femme est son assistante depuis la création de SpaceX et elle devient vite l'interlocutrice incontournable des personnes qui souhaitent entrer en contact avec son patron. Elon lui accorde toute sa confiance, comme le raconte James Mc Laury, ancien ingénieur de SpaceX, dans une interview au journal *Le Monde* : « Quand vous aviez une question, Mary Beth Brown (surnommée affectueusement Bubba) avait la réponse : oui ou non ! C'était presque toujours ce que pensait Elon. Si on ne passait pas par elle pour aller voir directement Elon pour évoquer tel ou tel sujet on pouvait s'exposer à un retour de flammes. Tout le monde savait qu'il ne fallait surtout pas la court-circuiter ! Elle avait adopté le même rythme de travail que son patron avec un double agenda quotidien. Je me souviens que la mère de Mary avait acheté un chien à sa fille parce que ça lui donnait une excuse pour aller dans l'appartement de sa fille pour pouvoir prendre soin d'elle. »

Concrètement, Elon Musk s'est organisé pour travailler cinq jours par semaine pour SpaceX et deux jours pour Tesla. Si Bubba semble indispensable pour optimiser le planning de son patron, celui-ci peut aussi s'appuyer, durant ces années, sur un homme en qui il a toute confiance : J. B. Straubel.

Né le 20 décembre 1975, cet ingénieur diplômé de l'université de Stanford en 1998 s'est spécialisé dans la science des énergies. Il est le premier à avoir expliqué à Elon Musk, en 2003, que les batteries au lithium utilisées pour les ordinateurs portables pourraient aussi permettre aux voitures électriques d'avancer. L'entrepreneur comprend immédiatement qu'il a en face de lui une véritable pépite. Il lui propose donc de le suivre chez Tesla Motors dont il va très vite devenir le directeur technique. Discret, presque effacé et en même temps totalement loyal, il devient le relais essentiel de son patron pour la vie de l'entreprise de voitures électriques.

On peut aussi ajouter à ce staff Sam Teller, diplômé d'Harvard, chef de cabinet, responsable du personnel des deux sociétés d'Elon Musk, et Gwynne Shotwell, ingénieure confirmée. Elle travaille à Microcosm, une société qui sous-traite des opérations pour la Nasa. L'histoire de la rencontre, en 2002, entre celle qui deviendra la principale dirigeante de SpaceX et Elon Musk est racontée par le journaliste américain Eric Berger dans son livre *Liftoff*[1] : « Le rendez-vous se déroule à une table du restaurant Hannes à El Segundo. La discussion est rapide et ne dure pas plus de dix minutes. Elon lui explique avec enthousiasme sa vision de la conquête spatiale avec la planète Mars en ligne de mire et une base sur la Lune en guise de point de départ. Gwynne écoute attentivement son interlocuteur même s'il est loin de maîtriser toutes les connaissances techniques et scientifiques en la matière. »

Comme à son habitude, Elon Musk embrasse une vision globale dans l'entretien, mais il zoome aussi avec son projet de fusée qu'il a baptisée Falcon. En conclusion, il signifie clairement à Gwynne qu'il a besoin d'une personne comme elle pour avancer. Mais l'ingénieure ne se laisse pas convaincre aussi facilement. Elle vient d'avoir quarante ans et cette maman de deux jeunes enfants doit gérer un divorce qui s'annonce compliqué. Peut-elle, dans ce contexte, abandonner une situation professionnelle stable pour se lancer dans l'aventure risquée que lui propose Elon Musk ? Pas vraiment. Elle décide donc de décliner la proposition, ce qui énerve profondément le chef d'entreprise, peu habitué à ce que quelqu'un lui résiste.

1. Londres, William Collins, 2021.

Gwynne Shotwell reprend donc sa vie normale mais la proposition d'Elon Musk ne cesse de trotter dans sa tête et finalement, après plusieurs semaines, elle change d'avis. Elle décide de lui téléphoner comme elle le raconte dans une interview publiée dans les colonnes du magazine mensuel américain *Wired* : « Je n'ai pas fait de long discours et je lui ai simplement annoncé : "Je suis une putain d'idiote. Je vais prendre ce travail !" » Elon Musk est aux anges. Il sait qu'il vient de recruter la personne idéale pour son entreprise. Elle deviendra d'ailleurs quelques années plus tard la numéro 1 bis de SpaceX. En septembre 2002, la jeune femme devient officiellement une des cadres de l'entreprise spatiale et découvre une nouvelle façon de travailler, comme elle le raconte dans ce même entretien : « Pour moi, c'était vraiment rafraîchissant ! Je n'avais pas à rédiger, comme je l'avais toujours fait, des putains de plans. La philosophie d'Elon, c'est : ne parlez pas de faire des choses, faites-les ! »

Lorsqu'elle débute chez SpaceX, sa mission est simple : vendre les services de lancement de la fusée Falcon 1. Elon Musk l'a baptisée ainsi en honneur du vaisseau *Falcon Millenium* de Han Solo, un des héros de la saga *Star Wars* dont il est un fan inconditionnel. Le lanceur noir et blanc composé d'aluminium et de lithium contient deux étages et mesure 21,30 mètres de haut pour 1,70 mètre de diamètre pour un poids total qui frôle les 28 tonnes.

En cette fin d'année 2002, la fusée Falcon n'est encore qu'un dessin, comme son célèbre homologue rouge et blanc à damiers d'Hergé sur la couverture d'*Objectif Lune* qu'Elon a frénétiquement découvert, enfant. Là encore, signe que tout ou presque a une importance dans sa vie, il décidera quelques années plus tard de donner aux deux satellites prototypes de son incroyable projet Starlink (destiné à fournir de l'Internet haut débit dans le monde entier) le nom de Tintin ! Plus exactement, ils seront officiellement mis sur orbite sous les appellations Tintin A et Tintin B.

6

Succès et galères

En 2005, Elon Musk décroche un marché de 100 millions de dollars avec l'armée américaine qui lui fixe la mission de lancer plusieurs petits satellites. C'est un coup de maître quand on sait que pour l'heure, SpaceX n'a pas envoyé la moindre fusée dans l'espace. Mais Elon Musk dispose d'une arme fatale : le prix ! Il propose un lancement à 55 millions de dollars alors que jusqu'ici, les acteurs majeurs du secteur, notamment les Européens, facturent le même service plus de 80 millions. « Soit vous vous adaptez aux nouvelles règles que je fixe grâce à l'innovation, soit vous sortez du marché ! » Une annonce sous forme de véritable déclaration de guerre économique qui surprend les professionnels de l'espace dont beaucoup sont sceptiques quant aux chances de réussir de ce nouvel arrivant ambitieux.

En parallèle, n'oublions pas qu'Elon Musk dirige depuis un an la société Tesla. Comme pour le rappeler aux quelques dizaines de salariés de l'entreprise de fabrication de voitures électriques qui l'auraient peut-être oublié (tant sa présence est épisodique au siège de la société), il signe une très longue lettre ouverte sur le site internet du constructeur, en y joignant des graphiques techniques précis. Il s'engage aussi pour la première fois pour une approche plus vertueuse sur le plan écologique : « Mon travail consiste à diriger une société de transport spatial mais je suis aussi le président de Tesla Motors. Comme vous le savez, notre produit est une voiture de sport électrique haute performance appelée Tesla Roadster, mais notre plan à long terme, c'est de construire une large gamme de modèles, y compris des voitures familiales à des prix abordables.

Oui, la Tesla Roadster est conçue pour battre en confrontation directe, tête à tête, toutes les voitures de sport à essence comme les Porsche ou Ferrari. Elle a deux fois plus d'efficacité énergétique que la Prius. Mais certains peuvent se demander si tout cela est utile à la planète. Avons-nous vraiment besoin d'une nouvelle voiture à haute performance ? Cela fera-t-il une réelle différence dans les émissions mondiales de carbone ? La réponse est non ! Sans en dévoiler trop, je peux dire que le deuxième modèle sera une voiture familiale sportive quatre portes, à environ la moitié du prix de 89 000 dollars de la Tesla

Roadster, et que le troisième modèle sera encore plus abordable. »

Elon Musk insiste également sur la non-toxicité des batteries au lithium pour l'environnement, tout en ajoutant avec son sens de l'humour si particulier : « Bien sûr, je ne les recommanderai pas comme garniture de dessert ! » Il conclut cette lettre aux salariés de Tesla Motors par cette formule : « Et surtout n'en parlez à personne ! »

En revanche, lui ne se prive pas de paroles, véhémentes parfois, et il termine l'année devant les tribunaux américains, en attaquant Boeing et Lockheed Martin qu'il juge en position dominante dans le secteur du domaine spatial. Pour lui, les deux sociétés tombent sous le coup de la loi antitrust en vigueur aux États-Unis et il affirme qu'elles sont « coupables de racket et de concurrence déloyale ». Il évoque même un « complot illégal » destiné à éliminer toute forme de concurrence. Quelques semaines plus tard, le tribunal du district central de Californie déboute l'homme d'affaires et clôt le sujet mais Elon Musk, loin de se démoraliser, passe à l'offensive. Il annonce que SpaceX va construire une fusée Falcon 9 beaucoup plus puissante que la Falcon 1. Elle sera destinée à concurrencer les fusées Delta 4 de Boeing et Atlas 5 de Lockheed Martin. Il ne se prive pas d'annoncer en conférence de presse qu'il dispose déjà d'un client proche du gouvernement mais qui préfère rester anonyme. Cette annonce provoque encore les haussements d'épaules condescendants de ses concurrents qui n'attendent qu'une chose : la chute de celui qu'un journaliste américain surnomme au hasard d'un article consacré à la réussite de cet homme singulier : « le flambeur du capitalisme technologique. »

Les détracteurs d'Elon Musk vont pouvoir s'en donner à cœur joie quelques semaines plus tard.

24 mars 2006. Atoll Kwajalein. Site d'essais de missiles balistiques Ronald-Reagan.

17 h 30. Falcon 1 est sur son pas de tir, à quelques encablures des vagues de l'océan Pacifique. Après une tentative infructueuse effectuée dans la plus grande discrétion en novembre 2005, Elon Musk a décidé de rendre public ce deuxième lancement. Sa fusée transporte un satellite de l'armée américaine en forme de cube d'une valeur de 800 000 dollars, qui doit mesurer les effets du plasma spatial sur les satellites. L'opération baptisée, SpaceX's Inaugural Falcon 1 Rocket, d'un montant de 6,7 millions de dollars, est retransmise en direct sur plusieurs chaînes de télévision et sur des réseaux sociaux. L'engin décolle après un « Go ! » lancé par les ingénieurs depuis la salle de contrôle. Moins d'une minute après le tir, elle explose en plein ciel au-dessus de la base.

On imagine le silence de plomb devant un tel spectacle qui réduit à néant plusieurs mois de travail mais qui, paradoxalement, ne semble pas altérer le moral des troupes.

Il suffit d'écouter la réaction de Gwynne Shotwell, vice-présidente en charge de la commercialisation de SpaceX, devant les micros et les caméras, peu après l'incident : « Je viens d'apprendre que nous avions perdu un véhicule. De toute évidence, c'est un revers mais nous sommes là pour le long terme. »

Quant à Elon Musk, il semble faire profil bas. Il opte pour une communication discrète, se contentant de déclarer sur le site internet de SpaceX que des informations complémentaires seront données dès que des analyses scientifiques auront été effectuées. Au bout de quelques semaines d'étude minutieuse des débris de la fusée, les équipes d'Elon Musk concluent à une fuite de carburant. La conception générale du Falcon n'est pas remise en cause et un deuxième lancement est programmé dans le courant de l'année 2007.

Si les débuts d'Elon Musk à la tête de SpaceX ne sont pas ceux espérés, la première version de la Roadster sort des ateliers de Tesla en mai 2006 sans incident visible. En coulisse, les ingénieurs doivent faire face à un problème de surchauffe des batteries mais cette voiture qui semble tout droit sortie du futur commence à intéresser le grand public. Elon Musk perçoit immédiatement cet intérêt qu'il imagine pouvoir encore monter en puissance. Il décide donc d'organiser une conférence de presse à laquelle il convie de nombreuses personnalités de la chanson et du cinéma. « Avant nous, les voitures électriques étaient nulles », s'exclame-t-il, un brin provocateur, comme le raconte le magazine en ligne Inspire Media qui a longuement enquêté sur le coup de maître de l'homme d'affaires ce jour-là.

Dans les jours qui suivent ce grand feu d'artifice médiatique, le très sérieux *Washington Post* ne trouve pas de mots assez forts pour encenser « l'expérience Tesla ». Paradoxalement, l'article ne mentionne pas une seule déclaration d'Elon Musk qui préfère laisser s'exprimer un des deux fondateurs de la marque, Martin Eberhard. Ce dernier annonce avec enthousiasme la construction de plusieurs centaines de voitures pour les prochains mois. Il donne même une échéance assez précise : mai 2007. Comme le souligne Inspire Media, la discrétion inhabituelle d'Elon Musk s'explique facilement. Il sait pertinemment que la société ne peut pas construire autant de véhicules. Pour limiter les coûts, Martin Eberhard a décidé de répartir la chaîne de production dans plusieurs pays, dont la Chine et la France. Dans ces conditions, les délais peuvent prendre du retard et la qualité optimale qu'exige Elon Musk pour chaque modèle pourrait bien être remise en cause. Inquiet de l'avenir de Tesla, l'homme d'affaires décide demande un audit de l'entreprise.

Inspire Media relate l'incroyable discussion entre Elon Musk et Tim Watkins, en charge de cette enquête approfondie dont il lui communique les résultats début 2007 au cours d'un appel téléphonique :

TIM WATKINS : Bonjour Elon, je vais pouvoir te donner tous les résultats de mes recherches mais je crois qu'il vaut mieux que tu t'asseyes !
ELON MUSK : C'est si grave que cela ?
TIM WATKINS : Écoute, j'ai fait et refait les calculs sur toute la chaîne industrielle, au mieux, Tesla produit des voitures à 170 000 dollars l'unité, au pire, à 200 000 dollars !
ELON MUSK, en entendant ce chiffre aurait cassé net son stylo : Je vais donc vendre 90 000 dollars une voiture qui me coûte presque le double ! *(Il marque un silence avant de désigner le coupable.)* Eberhard ! Je te jure je vais me le faire !

Passablement irrité par cette information, Elon Musk doit pourtant garder la tête froide pour mener à bien son autre projet spatial qui, lui aussi, lui donne quelques soucis. En mars 2007, un nouveau lancement de Falcon 1 est programmé, comme les précédents, dans la base Ronald-Reagan des îles Marshall. Cette fois, l'US Air Force a confié à SpaceX le soin de mettre en orbite un satellite expérimental pouvant servir au guidage des missiles. Mais la fusée se voit confier une autre mission dont seuls les Américains ont le secret : envoyer dans l'espace les urnes funéraires de l'astronaute Gordon Cooper, un des pionniers de la conquête spatiale mort en 2004, et James Doohan, célèbre interprète du rôle de Scotty dans la série de science-fiction *Star Trek*, décédé en 2005.

L'engin décolle et prend de l'altitude mais après 140 secondes, lorsque le premier et le deuxième étage se séparent, le lanceur explose dans une immense gerbe de flammes. Loin de se décourager, Elon Musk, qui ne cache pas sa déception, continue d'affirmer qu'il n'abandonne pas son objectif de conquérir l'espace en rappelant que toutes les entreprises de ce secteur si particulier ont connu des débuts compliqués. Il charge donc les équipes de SpaceX de préparer un nouveau lancement et peut désormais se replonger dans la vie de Tesla.

En ce printemps 2007, Elon Musk est nommé « entrepreneur de l'année » aux USA. Il explique sa philosophie sur les plateaux de télévision sans jamais se départir de son sourire, comme si tout était léger et facile. Certains observateurs de la vie économique lancent la rumeur, à ce jour jamais démentie, d'une proposition d'Elon Musk à Steve Jobs pour racheter Tesla à un prix défiant toute concurrence. Mais en cette année, l'emblématique patron d'Apple lance sur le marché mondial son IPhone et la perspective d'investir dans la voiture électrique est loin d'être sa priorité. D'ailleurs, il n'aurait pas souhaité répondre lui-même au téléphone lors de l'appel de l'homme d'affaires.

Puisque Tesla doit vraiment rester sa propriété, Elon Musk prépare sa contre-offensive avec un homme, un seul, dans sa ligne de mire : Martin Eberhard. Son éviction, en août 2007, alors qu'il n'est qu'à quelques secondes de s'adresser à une foule de journalistes spécialisés dans l'automobile pour une conférence de presse, comme le relate Inspire Media, pourrait donner du grain à moudre à un scénariste d'Hollywood tant la scène semble cruelle et définitive. Martin Eberhard reçoit un simple coup de téléphone avant de monter sur l'estrade :

ELON MUSK : Allô Martin ? C'est Elon. Tu es dispo ?
MARTIN EBERHARD : Oui, mais fais vite, je prends la parole dans quelques minutes !
ELON MUSK : OK, écoute Martin, je pense que toi et moi, on est allés au bout de ce que l'on pouvait faire ensemble.
MARTIN EBERHARD : Excuse-moi Elon, mais je ne suis pas sûr de comprendre.
ELON MUSK : Le conseil d'administration vient de statuer Martin, tu es démis de tes fonctions. Tu as été un super fondateur pour Tesla mais maintenant que la boîte grandit, nous pensons qu'il faut un nouveau manager.
MARTIN EBERHARD : Elon tu n'es qu'un...

Fin de l'histoire pour Martin Eberhard qui quitte définitivement l'entreprise quatre mois plus tard en ayant signé une clause de « non-dénigrement » de la marque qu'il a fondée afin d'éviter qu'il lui fasse une contre-publicité dont les effets seraient pour le moins négatifs. Cela n'empêchera pas Eberhard d'attaquer Elon Musk en justice en juin 2009 pour « calomnie, dénigrement et rupture de contrat illégale ». L'action se terminera deux mois plus tard à la suite d'un arrangement financier dont le montant n'a jamais été communiqué.

En cette année 2007, Elon Musk est donc désormais seul à la tête de Tesla. Marc Tarpenning quitte Tesla car après le départ de son ami « cela ne l'amusait plus de rester » comme il l'a déclaré peu après. Il n'est pas parti fâché avec Elon Musk et il a conservé un stock conséquent d'actions Tesla avant de fonder une nouvelle société spécialisée dans le Capital Risque.

7

Une année en enfer

« 2008 C'est la pire année de ma vie ! » aime à répéter Elon Musk lorsqu'il se penche sur son passé. Il faut dire que les événements se précipitent à un rythme effréné. Pourtant les débuts sont plutôt positifs. La production de Roadster commence au mois de février et il reçoit en toute logique les clés du tout premier modèle, Serie 1.5. De quoi lui donner le sourire. Mais il perçoit que la situation économique des États-Unis est pour le moins incertaine. Plus de 1 million de ménages américains n'arrivent pas à rembourser leur crédit immobilier et se retrouvent à la rue. Cette période agitée que les spécialistes vont appeler « crise des *subprimes* » a des répercussions sur toute l'économie du pays. Certains établissements bancaires sont dans la tourmente, à commencer par la célèbre banque Lehman Brothers avec ses 700 milliards de capital. Elon Musk réfléchit à une stratégie qui pourrait lui permettre de ne pas être impacté financièrement. Il sait que l'équilibre de Tesla est fragile et que la chute pure et simple de l'entreprise fait partie des options à considérer.

Du côté de sa vie personnelle, la crise éclate aussi au grand jour. Le 16 juin 2008 Elon et Justine divorcent officiellement. Si Musk reste pour le moins discret et mesuré sur cet événement – « Nous avons passé du bon temps, nous nous sommes mariés jeunes. Nous sommes allés au bout de ce que nous pouvions vivre ensemble » –, Justine, elle, n'hésite pas à entrer dans les détails intimes de cette séparation qui fait grand bruit dans le monde médiatique. Dans l'édition américaine du magazine *Marie-Claire*, elle raconte en détail ce qui s'est vraiment passé entre le printemps et l'été 2008 : « Six semaines après que nous avons décidé de divorcer, il m'a envoyé un SMS pour me dire qu'il avait rencontré une magnifique actrice anglaise et qu'il s'était fiancé [Talulah Riley, ndlr] et qu'il partait s'installer avec elle à Los Angeles, au moins elle n'est pas blonde ! »

Derrière l'humour et la légèreté apparente dans son propos, Justine Musk évoque aussi un style de vie de rêve, privilégié et surréaliste : « Nous avions cinq personnes qui travaillaient pour nous dans notre immense maison de Bel Air. Notre voisin le plus proche était le musicien Quincy Jones. Nous étions invités à de nombreuses fêtes et nous sortions en boîte de nuit avec Paris Hilton ou Leonardo Di Caprio. Nous avons même été invités au mariage de Larry Page (fondateur de Google) sur le sable doré de Necker Island, dans l'île privée dans les Caraïbes de Richard Branson (fondateur de Virgin). Je me souviens d'un moment partagé autour d'un verre pendant une fête avec le comédien John Cusack et Bono, le chanteur de U2, qui essayait d'échapper à ses admiratrices ! C'était le temps où Elon aimait dire que sa vie était devenue 10 % play-boy et 90 % ingénieur ! Pourtant, le tourbillon des paillettes ne pouvait dissimuler un vide grandissant au noyau. Elon était obsédé par son travail. Quand il était à la maison, son esprit était ailleurs. Moi, j'avais envie simplement de conversations profondes et sincères, d'intimité et d'empathie. » Elle conclut l'interview en racontant avec un brin de nostalgie leur première rencontre lorsqu'ils avaient 18 et 19 ans, sur le campus d'une université : « J'ai aimé un garçon qui a garé sa moto sous la fenêtre de mon dortoir et appelé mon nom à travers le crépuscule : c'était mon Roméo dans une veste en cuir marron. »

Quelques semaines après cette interview, une autre information fait le tour des médias de la planète. C'est une photo d'un accident de la circulation à San Francisco. Une Tesla Roadster noire s'est littéralement encastrée sous une Mercedes. Les experts parlent d'une défaillance dans le système de freinage. Pour Elon Musk, ce n'est pas la meilleure publicité car le carnet de commandes prévoit la livraison de 400 véhicules fin 2008 et le spectre de la généralisation de ce défaut commence à planer dans les esprits.

Pour l'homme d'affaires, cet été 2008 est donc loin d'être de tout repos car après celle du grand patron de Tesla, il porte à nouveau la casquette de patron de SpaceX. Un nouveau lancement de la fusée Falcon 1 est programmé le 2 août 2008 sur l'île de Kwaj. Finalement, le tir est reporté au lendemain pour des raisons techniques. Le 3 août, l'heure du lancement est repoussée plusieurs fois avant que le lanceur décolle enfin dans le ciel au-dessus des îles Marshall. Le vol semble se dérouler le mieux possible sur les images de la caméra fixée au second étage de la fusée. Inspire Media a retranscrit, d'après le témoignage d'un ingénieur présent, le dialogue entre Elon Musk et ses équipes techniques dans la salle de contrôle :

INGÉNIEUR : Elon, c'est bon, la fusée vient de décoller !
ELON MUSK : Bravo les gars, maintenant on va voir comment elle se comporte !
Il scrute l'écran sur lequel apparaît l'image de la fusée qui s'élève et dont les deux étages se séparent en douceur.
ELON MUSK, *les larmes aux yeux* : C'est fait !

Devant les écrans, les ingénieurs bondissent de leurs sièges et se congratulent en criant de joie mais après 2 minutes et 20 secondes, l'image se coupe net.
ELON MUSK : What the fuck ? *(Que se passe-t-il bordel ?)*

La fusée vient d'exploser dans une immense gerbe de flammes. Quelques secondes après être resté sidéré devant cette image effrayante, Elon Musk ouvre le micro qui le relie au personnel de la base spatiale : « Ici Elon Musk, je m'adresse à tous les employés de SpaceX. Je peux vous dire que nous allons faire un quatrième essai. Cette fois ne vous en faites pas, ça va marcher ! » Elon Musk met une pression maximale à ses équipes pour que le lancement ait lieu au mois de septembre. Pas question de laisser le doute s'immiscer dans les esprits même si la situation financière de SpaceX est à cet instant précis pour le moins incertaine. Un nouvel échec pourrait sceller la fin de l'aventure spatiale d'Elon Musk en se soldant par une catastrophe économique.

Mais le big boss ne veut pas envisager une telle éventualité et ses équipes redoublent donc d'activité dans leurs locaux construits sur cette toute petite île qui a pour nom Omalek, à 4 500 kilomètres au sud d'Hawaï. L'atoll entouré d'une eau cristalline et d'une plage de sable blanc pourrait faire penser à un petit paradis mais les conditions de travail sur place sont loin de rassembler à des vacances de rêve, comme en attestent les témoignages de ceux et celles qui ont participé à cette aventure hors norme.

Après le dernier échec, il semble qu'Elon Musk ne se soit pas contenté d'une phrase pour motiver ses troupes. S'est ensuivie une véritable engueulade collective qui a poussé les ingénieurs à se plaindre, comme le raconte Eric Berger dans son livre *Liftoff*[1]. L'auteur parle d'un campement de fortune et d'un dénouement qui pourrait faire penser à celui de Robinson Crusoé sur son îlot : « Les ingénieurs ont appris durant trois ans à survivre dans un environnement tropical et même s'ils ont fini par aimer cette vie insulaire, ils ont dû apprendre certaines leçons dans la douleur. » L'auteur cite pêle-mêle les pannes à répétition des voitures de golf servant à se déplacer sur l'unique chemin de l'île, l'absence de toilettes dignes de ce nom, les attaques incessantes des crabes de cocotiers et les coups de soleil XXL ! Le paroxysme est sans doute atteint le 3 août 2008, avec une véritable menace de mutinerie quand les ingénieurs annoncent à Tim Buzza, leur supérieur hiérarchique, une grève totale. Ils exigent d'être livrés immédiatement en poulet et en cigarettes !

Tim Buzza, brillant ingénieur spécialiste des moteurs, a rejoint SpaceX en 2002 et il a été chargé peu après son arrivée par Elon Musk de diriger la petite base perdue au

1. *Op. cit.*

milieu du Pacifique. Pour ne pas ajouter du chaos à une situation déjà critique, il répond tout de suite favorablement aux exigences des salariés en colère. Quelques jours après, un hélicoptère se pose sur l'atoll pour livrer poulets et cigarettes.

Pendant que Tim Buzza évite avec brio et diplomatie le remake des *Révoltés du Bounty*, Elon Musk se remet de son échec cuisant avec sa fusée Falcon 1 et assiste à la première d'un film réalisé par son ami Jon Favreau. Son titre ? *Iron Man*. Si l'histoire est tirée de la littérature Marvel, son héros Tony Stark ressemble furieusement, pour certains aspects, à Elon Musk. D'ailleurs, la star hollywoodienne Robert Downey Jr avoue s'être directement inspirée de l'homme d'affaires en se rendant à plusieurs reprises dans l'immense hangar de SpaceX à El Segundo pour préparer le tournage en cernant les contours psychologiques de son personnage fictif. Dans une interview publiée sur un site de cinéma américain, Robert Downey Jr raconte la découverte de cet homme singulier et de son univers : « Je ne suis pas du genre à être époustouflé au premier regard mais cet endroit et ce gars étaient vraiment incroyables. J'ai eu l'impression de rentrer dans une quincaillerie géante et exotique avec des ingénieurs et des ouvriers qui travaillaient ensemble sans aucune paroi de séparation dans l'usine. C'était comme une start-up radicale ! »

L'acteur a rencontré à plusieurs reprises Elon Musk avec qui il a partagé des repas et des longues conversations : « J'ai adoré cet homme sans prétention, capable de travailler d'égal à égal avec un de ses salariés, et la seconde qui suit, d'imaginer des concepts technologiques pour changer le monde. Je me suis mis dans la tête qu'Elon Musk et Tony Stark étaient des amis partis faire la fête dans la jungle avant d'y rencontrer des chamans ! » Dès son retour dans le studio de tournage, le comédien n'aura qu'une exigence auprès de son réalisateur : intégrer une Tesla rouge dans une scène du film !

Le 28 septembre 2008, Elon Musk sait que cette fois, il ne s'agit pas d'un film. Pour lui, l'enjeu est capital : un nouvel échec dans un lancement qu'il finance désormais sur ses fonds propres pourrait sceller la fin de SpaceX. Le compte à rebours commence dans un climat de tension extrême « 10, 9, 8, 7, 6, 5, 4, 3, 2, 1, 0 ! » Le décollage est une nouvelle fois suivi en direct par plusieurs millions de spectateurs sur les réseaux sociaux. La fusée prend de l'altitude et, pendant deux minutes cinquante, on ne perçoit pas un seul son sur les images, jusqu'à la séparation du premier puis du deuxième étage du lanceur. Cette fois, on entend les clameurs de la foule après un « Perfect ! » de la commentatrice de l'événement. Cette fois, le Falcon mène à bien sa mission et pour la première fois de l'histoire, le monde entier assiste à la mise en orbite d'une fusée dont la totalité des composants a été conçue et fabriquée avec des fonds privés.

À présent, Elon Musk qui, dès 1995, annonçait son désir de révolutionner la conquête de l'espace, prend une aura quasi prophétique, comme le souligne le spationaute français Michel Tognini dans une interview donnée à BFM TV le 23 avril 2021 : « Quand on l'a vu arriver dans les bureaux de la Nasa, je me souviens d'un jeune homme timide mais en même temps sûr de lui, qui nous expliquait qu'il allait envoyer un jour des hommes dans l'espace. Franchement, personne n'y croyait vraiment. C'est quelqu'un qui avait pourtant un cursus intéressant puisqu'il était très bon dans la finance. Il venait de créer Paypal. Dans un deuxième temps, il était un ingénieur brillant. Ce profil est extrêmement rare. Quand on lui parle d'un moteur, il sait ce que c'est. Quand on parle du coût pour fabriquer ce moteur, il sait aussi ce que c'est ! »

Le spationaute français qui est resté dix-huit jours dans l'espace confie aussi sa surprise lorsqu'il a découvert l'usine de SpaceX : « Dans son immense hangar près de Los Angeles, il n'y a pas aucune paroi. Le motoriste travaille à côté de celui qui fait de l'électronique qui travaille lui-même à côté de celui qui travaille sur un fuselage, etc. On est vraiment dans un environnement de coworking moderne. Je pense que ce modernisme est motivant ! D'ailleurs, j'ai des copains qui travaillent avec Elon Musk et qui me disent qu'ils le voient travailler sans relâche. Certains soirs, quand il n'a pas fini ce qu'il avait prévu, il peut leur demander de rester avec lui et ils lui disent oui ! Non pas par peur de perdre leur job mais parce qu'il est extrêmement motivant dans sa façon de faire ! »

Au mois de novembre 2008, la Nasa décide de signer un contrat de 1,6 milliard de dollars. SpaceX et ses 585 salariés sont définitivement sauvés et Elon Musk regarde plus que jamais vers l'avenir. Il décide d'abandonner la fusée Falcon 1 pour se concentrer sur deux autres projets ambitieux : la surpuissante fusée Falcon 9 et le Crew Dragon, une capsule capable d'embarquer des passagers dans l'espace.

Comme à son habitude pour donner des noms à ses fusées, Elon Musk puise dans son imaginaire d'enfant. Il raconte cet épisode sur son compte Twitter : « Au début, je voulais que la capsule s'appelle Puff the Magic Dragon. C'est une chanson écrite en 1963 par le trio folk Peter, Paul et Mary. Elle raconte l'histoire d'un dragon qui s'appelle Puff et de son copain, Jackie Paper. Mais Jackie grandit et il délaisse le dragon qui se sent seul et déprimé. Quand j'ai annoncé ce nom, je me suis heurté à un flot d'injures sur les réseaux sociaux par des gens qui disaient que je devais être défoncé si je pensais que ça pouvait marcher, alors j'ai juste gardé Dragon et j'ai enlevé Puff ! »

En cette fin d'année 2008, Elon Musk peut enfin respirer. Si l'avenir de SpaceX semble radieux, en revanche, les incertitudes demeurent toujours pour Tesla. Les jours passent et accentuent chaque fois un peu plus les pertes financières. Elon Musk a engagé dans la bataille tous ses millions de dollars mais si personne ne vient à sa rescousse, ses investissements seront réduits à néant.

Et puis, le 24 décembre 2008, à 18 heures, le miracle ! Il reçoit une proposition du groupe automobile allemand Daimler. À la surprise générale, le plus ancien constructeur de voitures dans le monde – sa naissance remonte à 1896 – décide d'entrer dans le capital de la marque la plus jeune en injectant d'un coup 50 millions de dollars dès le début de l'année 2009. Le propriétaire de Mercedes-Benz entre ainsi à hauteur de 9 % dans le capital de Tesla et cet investissement se double d'une coopération industrielle. Le groupe basé à Stuttgart souhaitant lui aussi développer le moteur électrique pour ses modèles, il achète au passage des batteries électriques pour en équiper la Smart. Tesla est définitivement sauvé de la faillite. Là encore, Elon Musk, que certains imaginaient déjà à terre, se sort *in extremis* d'une situation critique. Comme la Nasa avec SpaceX quatre mois plus tôt, le gouvernement américain accepte alors de prêter 465 millions de dollars à Elon Musk pour qu'il puisse lancer la production de masse de sa nouvelle quatre 4 places : Tesla Model S.

Comme toujours, Elon Musk a parfaitement préparé son opération. Il réussit à convaincre Franz von Holzhausen de rejoindre Tesla dans le courant de l'année 2008. Ce designer génial a commencé sa carrière en 1992 chez Volkswagen en imaginant le Beetle, avant de rejoindre General Motors en 2000, où il a créé la Pontiac Solstice, puis Mazda en 2005, qui lui a laissé le champ libre pour imaginer la Nagare. Cette fois, Elon Musk lui demande de concevoir les lignes de la marque et cela commence par la Tesla Model S. Si le précédent modèle Tesla Roadster s'inspirait directement de la Lotus Elise, Franz von Holzhausen doit cette fois partir d'une page blanche pour concevoir le modèle. Elon Musk a émis une exigence incontournable : cette voiture doit pouvoir être adaptée à sept passagers si on y ajoute des sièges à l'arrière. Ceux qui attendaient un véhicule aux formes futuristes vont pourtant découvrir une voiture d'aspect relativement classique. La communication de Tesla mise tout sur la technique du moteur électrique mais laisse une grande part de mystère sur ce que l'on trouve vraiment sous le capot. Elon Musk décide de la présenter trois semaines après le salon de l'automobile de Genève et deux semaines avant celui de New York. Il invite des journalistes et plusieurs dizaines de personnalités triées sur le volet à se rendre dans les locaux de SpaceX le 29 mars 2009.

Le public découvre alors une scène sur laquelle est garée une voiture cachée sous un drap argenté que retire avec majesté son designer en chef. Elon Musk prend ensuite la parole : « Vous allez vite voir qu'il ne s'agit pas d'une voiture qui ne tient pas ses promesses. Elle va vite et elle peut transporter de nombreuses personnes. » Comme le raconte Joshua Davis, un journaliste américain travaillant pour le site spécialisé Ulyces.com, Elon Musk se met ensuite au volant et transporte à tour de rôle plusieurs invités dans les rues près de l'usine. L'opération séduction est une réussite mais les questions restent en suspens, comme on peut le deviner en lisant un article paru sur le site moteurnature.com quelques jours après la présentation : « Nous avons simplement pu apprendre que c'est une voiture à propulsion mais aucune indication officielle n'est donnée sur les batteries électriques et l'autonomie qui devrait varier entre 257 et 482 kilomètres avant de recharger. Pour conclure, la Tesla Modèle S est incontestablement une auto excitante mais venant de gens qui n'ont tenu aucune de leurs promesses, on hésite à y croire ! »

Cette réflexion est partagée par bon nombre d'observateurs qui savent pertinemment que la marque a du mal à respecter ses délais de livraison et la quantité de voitures qu'elle produit reste encore confidentielle, même si Elon Musk fait savoir par la voix d'un des dirigeants de Tesla que le modèle sera disponible au second trimestre 2011 et que l'usine pourra en fabriquer 20 000 par an. Mais là encore, le génial chef d'entreprise se heurte à un léger problème : il ne dispose pas d'une usine assez grande pour atteindre son objectif. Enfin, pas encore. Car il a sa petite idée derrière la tête et a besoin d'un peu de temps pour la finaliser.

Au mois de juillet 2009, Elon Musk reprend l'habitude de lever la tête vers l'espace car il a programmé avec ses équipes le lancement d'une fusée Falcon 1 qui doit transporter à son bord et mettre en orbite un satellite malaisien. 13 juillet : le vol est une totale réussite mais il scelle paradoxalement la fin de la carrière de la fusée Falcon 1 qu'Elon Musk veut donc remplacer par un lanceur beaucoup plus grand, le Falcon 9, qui disposera non pas d'un seul moteur Merlin comme le Falcon 1 mais de neuf, devenant ainsi un des lanceurs les plus puissants jamais inventés par l'homme.

Elon Musk semble transformer en or tout ce qu'il touche et son grand ami le réalisateur Jon Favreau, qui l'avait contacté pour qu'il inspire Robert Downey Jr dans l'opus 1 d'*Iron Man*, lui demande cette fois carrément d'apparaître dans le film où il joue son propre rôle. Dans une courte scène, Gwyneth Paltrow, alias Pepper Potts, l'assistante personnelle de Tony Stark, alias Iron Man, entre avec son patron dans une salle de restaurant. Au détour d'une table, elle salue un homme vêtu d'une veste blanche et d'une chemise à rayures :

GWYNETH PALTROW : Bonjour monsieur Musk. Comment allez-vous ?
ELON MUSK *(il se lève en venant lui serrer la main dans un grand sourire)* : Très bien merci !
ROBERT DOWNEY JR, *qui vient d'apercevoir Elon avance lui aussi sa main* : Bonjour Elon ! Il faudra que vous me donniez des conseils pour mon futur avion électrique !
ELON MUSK : Vous avez déjà fait du beau travail sans moi !
ROBERT DOWNEY JR, *qui s'avance vers sa table en se retournant une dernière fois vers l'homme d'affaires* : Oui mais je vous dois tout, Elon !

C'est à ce jour la seule participation directe d'Elon Musk à l'industrie cinématographique même si, dans le courant de l'année 2020, l'acteur Tom Cruise a laissé entendre qu'il projetait de tourner un film dans l'espace avec l'appui du patron de SpaceX et de Tesla.

En attendant, cette année 2009 se termine en beauté pour Elon Musk dont les projets restent nombreux et d'une ambition folle, que ce soit sur les routes ou dans les étoiles.

8

Elon giga boss

Avant d'attaquer ces quatre années essentielles dans l'histoire sans cesse en mouvement d'Elon Musk, faisons un bond dans le temps. Projetons-nous le 31 mars 2016. Une pluie violente inonde les trottoirs de Montréal, au Canada. Mais cet aléa météorologique désagréable n'entame en rien la motivation de plusieurs centaines d'hommes et de femmes qui attendent, parapluies en main, de pouvoir entrer dans les bureaux de Tesla. Une foule compacte qui vient précommander la Model 3, première voiture « abordable » (autour de 37 000 euros) de Tesla, comme l'écrit le journaliste canadien Daniel Breton dans une chronique du journal *Le Devoir*. Il précise que tous ces gens viennent verser un dépôt de 1 000 euros pour avoir le droit d'acheter une Tesla. Comme eux, près de 300 000 personnes vont faire la même chose en quelques heures. Elon Musk vient encore d'avoir une idée géniale :

proposer au consommateur un produit qui n'existe pas encore ! Il affirme le 16 avril 2016 sur son compte Twitter avoir reçu toutes ces commandes en moins de trente-six heures pour un montant total de 10,6 milliards de dollars. Et comme une bonne nouvelle peut en cacher une autre, deux jours plus tard, il annonce que l'action Tesla a gagné plus de 60 % en un mois ! Pour comprendre comment Elon Musk a pu réussir un tel coup de force, replongeons-nous dans cette année 2010 qui, comme toujours, commence étrangement avec ce personnage à nul autre pareil.

Il sait qu'il a absolument besoin d'une usine pour lancer une production de voitures digne de ce nom, dans un contexte économique où l'ensemble des constructeurs a beaucoup plus tendance à fermer ses sites de production que le contraire. Mais Elon Musk aime avancer à contre-courant et il entend parler d'une usine gigantesque fondée en 1984 par Général Motors et occupée aujourd'hui par le groupe japonais Toyota qui compte s'en débarrasser. Le site, baptisé Nummi (New United Motor Manufacturing), est un des plus grands du monde. On pourrait y loger tout entier l'État du Vatican ! Le prix de ce lieu hors norme dépassait le milliard de dollars au milieu des années 1990 mais en cette année 2010, il se négocie autour de 42 millions de dollars. Pour pouvoir acheter, Elon Musk doit donc convaincre l'état-major du groupe Toyota de le lui céder.

L'opération prévue au mois d'avril sera supervisée par le directeur de Tesla, Deepak Ahuja, homme de confiance d'Elon Musk. Il a calé un petit déjeuner d'affaires avec Akio Toyoda, le président du groupe en personne ! La suite, racontée par le site d'information Ulyces.co, est totalement surréaliste mais elle illustre parfaitement le caractère pour le moins singulier d'Elon Musk : « Ce matin-là, Deepak, qui est venu assister Elon Musk avec un autre cadre de l'entreprise, le voit venir vers lui en chemise. Il porte une cravate d'Halloween avec des citrouilles, des squelettes et du faux sang. Les deux hommes sont bouche bée pendant quelques secondes avant qu'Elon Musk ne s'exclame dans un grand éclat de rire : "Je vous ai bien eus, les gars, hein ?" Il a juste le temps d'enlever sa cravate que la délégation arrive dans l'allée de la grande maison de Bel Air. Plusieurs gardes du corps descendent d'abord pour sécuriser le lieu avant que le grand patron de Toyota ouvre enfin sa portière. Comme personne dans les deux camps ne se connaît vraiment, il s'ensuit une courte période de confusion avant qu'Akio Toyoda, qui vient de saluer Elon Musk, en penchant son buste, remarque la Roadster rouge vif du patron de Tesla. "Vous voulez faire un tour avec ?" demande Elon Musk. Akio Toyoda répond par l'affirmative et les deux hommes prennent place, à la surprise générale, dans l'habitacle de la Tesla. Ce qu'ignore Elon Musk, c'est que le patron de Toyota est un véritable as du volant. Dans une autre vie, il a été pilote d'essai pour une marque japonaise et il a même participé à des courses prestigieuses sur plusieurs circuits automobiles, et même en rallye-raid !

La voiture démarre en trombe et le conducteur roule pied au plancher au-dessus de Sunset Boulevard, sans vraiment se soucier des limites de vitesse, avant de revenir se garer dans l'allée. Le patron de Toyota est enthousiasmé par les qualités techniques de cette voiture qu'il ne connaissait que de nom. Son petit déjeuner englouti, il demande à conduire à nouveau la Roadster. Cette fois, il prend la direction de l'usine de SpaceX en semant toutes les voitures censées assurer sa protection. Arrivés dans l'usine, Akio Toyoda (53 ans) et Elon Musk (39 ans) regardent des vidéos de décollage comme des gamins de 12 ans, en mangeant des yaourts glacés qu'est parti chercher Elon dans un grand réfrigérateur au milieu des fuselages et des machines. »

Cette scène incroyable et totalement imprévue scelle l'amitié entre les deux hommes. Un mois plus tard, comme le précise encore le site Ulyces.co : « Le groupe Toyota annonce investir 50 millions de dollars dans Tesla et accepte de vendre son usine au prix fixé par Elon, soit 42 millions de dollars. Lors de la conférence de presse donnée par les deux hommes, Akio Toyoda est questionné par un journaliste : "Pourquoi avez-vous choisi de travailler avec Tesla plutôt qu'une autre start-up ?" Le PDG de Toyota se tourne alors vers Elon Musk : "Pourquoi ? Musk-san, je l'adore !" »

Après cet épisode, Elon Musk n'attend pas une seconde pour aménager l'usine avec un cahier des charges précis. Tous les murs, les sols et les plafonds sont peints avec un blanc immaculé, « pour inciter les salariés à la minutie et au sens du détail ». Il fait aussi appel aux meilleurs ingénieurs en mécanique automobile de la planète pour être sûr de ne rien laisser au hasard. Elon Musk doit encore engager du personnel en masse en négociant les salaires avec les puissants syndicats du secteur. Enfin, il commande une armée de robots pour pouvoir tenir son objectif : produire 250 000 voitures dans cinq ans ! Pour acheter les robots, Elon Musk prend contact avec le leader incontesté dans ce domaine au Japon. Il s'agit du groupe Fanuc (Fuji Automatic Numerical Control) installé à Oshino, une commune située près du mont Fuji. La particularité de cette véritable pépite industrielle qui fait la fierté du pays est de proposer des robots garantis à vie. Dans ces usines, toutes implantées au pays du Soleil Levant, plus de 4 000 robots fabriquent chaque année 70 000 nouveaux robots. De quoi fasciner Elon Musk qui sait évidemment qu'il a tapé à la bonne porte en contactant ce groupe, même si un problème de taille demeure : la couleur des robots !

Fanuc perpétue une tradition depuis la création de l'entreprise par la famille Inaba : tous les robots sont de couleur jaune. Or, Elon Musk souhaite acheter des robots rouges et il l'explique clairement à Yoshiharu Inaba, le PDG de la société. Mais ce dernier reste inflexible et il répond poliment à l'homme d'affaires que jamais il ne changera la couleur de ses robots. Face à ce refus, Elon Musk ne peut que s'incliner et il décide donc de changer de fournisseur. Il s'adresse alors au groupe allemand, Kuka AG, pour passer commande de plusieurs dizaines de robots. Cette fois, le rouge est validé. Les robots entrent en fonction sur les chaînes de montage de l'usine Tesla. Sur décision d'Elon Musk, chacun d'entre eux porte un nom, issu en général de l'univers Marvel des *X-Men.* On peut ainsi évoquer Professeur Xavier, Wolverine ou Beast, Iceman.

Pendant que l'immense usine Tesla commence à ressembler à une véritable fourmilière, Elon Musk décide de faire entrer en Bourse son entreprise. C'est la première fois depuis Ford, en 1956, qu'un constructeur automobile américain se lance dans une pareille aventure. Le mardi 29 juin 2010, l'introduction en Bourse de Tesla devient effective. Les actions se vendent comme des petits pains au prix unitaire de 17 dollars. 13,3 millions de titres en une journée pour un montant de 226 millions ! (En 2022, l'action Tesla dépasse les 1 200 dollars.)

Décidément, ce mois de juin 2010 est à marquer d'une pierre blanche pour Elon Musk qui n'a pas réussi seulement avec brio son opération boursière mais également un pari technologique avec le tout premier décollage de sa fusée Falcon 9 et la mise en orbite d'un module Dragon. Il a eu lieu le 4 juin à cap Canaveral, en Floride. Malgré un lancement décalé de quelques minutes pour un problème technique, le tir se déroule parfaitement et le lanceur à deux étages de 55 mètres de haut pour un poids total de 333 tonnes atteint tous les objectifs de la mission fixée par Elon Musk et ses équipes d'ingénieurs. Parmi ces derniers, la mise en orbite de la maquette du futur cargo spatial *SpaceX Dragon*. Pour Elon Musk, ce lancement, salué avec enthousiasme par le président américain Barack Obama, constitue une étape décisive vers son rêve : transporter à court terme des passagers dans l'espace, notamment les astronautes qui se relaient dans la Station spatiale internationale. Concrètement, après ce vol inaugural, SpaceX annonce un programme d'une quarantaine de lancements pour autant mise en orbite de satellites.

Avant de se concentrer sur le projet de lancement de sa toute nouvelle fusée Falcon 9, qu'il a programmé au milieu de l'hiver, Elon Musk s'octroie une parenthèse enchantée en Écosse où il se marie avec la comédienne anglaise Talulah Riley dans la cathédrale de Dornoch, dans les

Highlands. Elon se présente devant l'autel en chapeau haut de forme noir et un joli nœud papillon assorti. Talulah a choisi une robe blanche diaphane avec une longue traîne. La réception est organisée à 5 kilomètres de la cathédrale, dans l'enceinte de l'imposant et très chic château Skibo installé en bordure d'un des plus beaux parcours de golf du pays. Malgré la pression des réseaux sociaux et des magazines people, le mariage reste quasiment confidentiel. Aucune image volée ne circule. Seul le cliché du gâteau est publié dans plusieurs journaux. C'est une magnifique pièce montée de 1,60 mètre de haut, sur huit étages de crème, décorée de plus de 200 roses de sucre géantes couleur pastel. Pour le reste, rien n'a filtré sur une éventuelle soirée dansante ou une idée folle d'Elon Musk. Une chose est sûre, la petite société de pâtisserie écossaise qui a créé ce beau dessert a été sollicitée par d'autres candidats au mariage désireux de couper le même gâteau que Talulah et Elon !

Après un voyage de noces lui aussi totalement confidentiel, le couple reprend ses activités. Talulah Riley est à l'affiche du film de Christopher Nolan *Inception* et Elon Musk jongle toujours entre ses deux vies de patron de Tesla et de SpaceX. Quelques semaines après son mariage, il invite le célèbre rappeur Kanye West à visiter les locaux de SpaceX. Le musicien, qui ne cache pas son admiration pour l'homme d'affaires, avait lancé dans une interview qu'il aimerait bien le rencontrer. Elon Musk a saisi la balle au bond, comme à son habitude. Les deux hommes ont arpenté les ateliers de l'usine de lancement et ont noué une solide amitié qui les unit encore aujourd'hui.

Pour terminer en beauté cette année 2010, Elon Musk supervise donc un deuxième lancement de la fusée Falcon 9. Cette fois, la mission consiste à mettre en orbite le véritable cargo Dragon et à faire revenir la capsule sur Terre. Le 9 décembre, le lancement est à nouveau une réussite totale. Au bout de 9 minutes, la capsule Dragon est placée en orbite à 300 kilomètres d'altitude. Après avoir réalisé deux fois le tour de la planète bleue en 3 heures 19 de vol, le Dragon quitte son orbite. Dans la descente, les trois immenses parachutes noirs s'ouvrent au-dessus de l'océan Pacifique et la capsule amerrit en douceur, à 800 mètres du point d'impact prévu. Au-delà de cette prouesse technologique, l'opération est encore une fois placée sous le sceau de l'esprit facétieux de son instigateur. En effet, juste avant le décollage, Elon Musk avait provoqué une vague de questionnements en lançant au détour d'une conférence de presse que la capsule Dragon allait transporter à son bord une cargaison ultrasecrète. Juste après l'amerrissage, Elon Musk, hilare, décide de dévoiler ce mystère. Non, il ne s'agit pas d'un satellite militaire nouvelle génération ni d'une arme spatiale révolutionnaire, mais d'un fromage ! En l'occurrence, une meule de 12 kg fabriquée dans les Vosges par la fromagerie de l'Ermitage à Bulgnéville, qui n'en revient d'ailleurs toujours pas d'avoir participé à une telle expédition spatiale ! Elon Musk a expliqué ensuite qu'il voulait faire un clin d'œil à un sketch de la troupe Monty Python qui le fait beaucoup rire, dans lequel un des comédiens tente d'acheter un fromage chez un fromager qui n'a pas de fromage.

L'année 2011 commence par un tapis rouge pour Elon Musk. Au début du mois de février, il pose à Londres avec son épouse pour l'ouverture de la British Academy Film Awards. Est-ce le fait de croiser des stars du cinéma, acteurs, actrices, réalisateurs et metteurs en scène de renom qui a déchaîné son imagination ? Quelques semaines plus tard, il annonce sur son compte Twitter qu'il réfléchit à envoyer une voiture dans l'espace, une Tesla forcément, sans donner d'échéance précise.

Au mois d'octobre il est invité à se rendre au musée d'Art moderne de New York pour recevoir le grand prix de l'innovateur de l'année, décerné par le prestigieux *Wall Street Journal*. Lors de son discours de remerciement, il insiste sur les prochains combats qu'il compte mener à bien : « Je suis convaincu qu'il est urgent d'appliquer l'innovation aux domaines qui vont impacter le plus notre avenir. Je m'engage à trouver des solutions d'énergies renouvelables, à accélérer l'adoption de transports durables et à révolutionner les voyages spatiaux ! »

Il annonce ensuite son intention de faire voyager des hommes et des femmes dans l'espace à une échéance de trois ans, et sur Mars d'ici une quinzaine d'années. Un propos qu'il complète dans une interview donnée au journaliste du *WSJ* Alan Murray quelques jours plus tard : « Je veux que SpaceX contribue à rendre la vie multiplanétaire possible avec une base autonome sur Mars. » Ce même journaliste, connu pour son franc-parler, n'hésite pas à le provoquer sur l'efficacité et l'utilité de Tesla en lui posant cette question : « Comprenez-vous les critiques à votre encontre sur le fait que Tesla touche des millions de dollars de subventions de l'État pour faire plaisir à George Clooney et aux gens riches ? » Sans se départir de son calme et de son flegme, Elon Musk reconnaît que les subventions l'ont aidé mais dit qu'il continue sans relâche à réfléchir à l'évolution de Tesla pour qu'elle puisse devenir, à court terme, une voiture accessible au plus grand nombre. Il conclut en précisant que son prochain modèle sera vendu 50 000 dollars dès le printemps 2012 aux USA, et en fin d'année en Europe et en Asie.

Après son passage à New York, Elon Musk retrouve les allées de SpaceX. Il réfléchit avec ses équipes au moyen de récupérer les lanceurs une fois qu'ils ont été utilisés. Une tentative a été réalisée sur le premier lancement du Falcon 9 avec des parachutes qui se sont déployés dès la séparation du premier et du deuxième étage, mais elle s'est soldée par un échec. Désormais, les ingénieurs veulent contrôler les moteurs en phase de descente pour pouvoir enclencher une procédure de freinage. Le premier étage pourrait donc ainsi se poser en douceur. Mais cette idée reste pour l'heure un concept théorique.

Au mois d'avril 2011, SpaceX annonce la fabrication d'un nouveau lanceur surpuissant baptisé Falcon Heavy, qui sera équipé de 27 moteurs Merlin. Flacon Heavy culminera à une hauteur de presque 70 mètres pour un poids total de 1 400 tonnes. Son lancement est programmé dans le courant de l'année 2013.

Le 14 juillet 2011, Elon Musk, coiffé d'un casque de chantier blanc et armé d'une solide pioche, pose pour les photographes devant le pas de lancement de la base militaire Vandenberg, dans le comté de Santa Barbara en Californie. C'est depuis ce lieu entouré de forêts qu'ont été lancées 68 fusées du programme Titan de 1960 à 1970. Désormais, Elon Musk en est le propriétaire et il le nomme Space Launch Complex 4. Ce sera le nouveau point de lancement des fusées Falcon Heavy et Flacon 9. Lors d'une courte conférence de presse, il insiste sur le fait que cette base accueillera la fusée la plus puissante jamais construite depuis la Saturn V qui a lancé le vaisseau spatial *Apollo* et ses astronautes ayant marché sur la Lune en 1969.

Au mois de novembre 2011, la direction de SpaceX annonce que la société a signé pour plus de 3 milliards de revenus grâce à des contrats de lancement avec plusieurs pays qui s'étalent jusqu'à 2017. Juste avant les fêtes de Noël, Musk ouvre son bureau à un journaliste du site internet new.scientist.com et il lui explique sa fascination pour la planète Mars depuis son enfance. Pour le lecteur, c'est aussi l'occasion de découvrir son bureau. Les photos de ses cinq enfants sont posées dans des cadres à côté de modèles réduits de fusées. Derrière lui, on devine un grand cliché d'un combat de Mohamed Ali, à qui il voue une véritable admiration. Il a d'ailleurs fait sienne une des citations les plus célèbres du légendaire boxeur américain qu'il a souvent reprise sur ses réseaux sociaux : « Je déteste chaque seconde passée à l'entraînement mais je me dis : "N'arrête pas !" Il faut que tu souffres maintenant pour pouvoir vivre le reste de ta vie comme un champion ! »

Elon Musk commence l'année 2012 avec un compte en banque personnel de 2 milliards selon le magazine *Forbes* qui fait référence en matière de classement des hommes et des femmes les plus riches de la planète. L'homme d'affaires n'est pas encore au sommet mais il poursuit son ascension en solo. En effet, quelques jours plus tard, il annonce sur son compte Twitter qu'il se sépare de sa femme. On peut ainsi lire cette formule le 17 janvier au matin : « Ce furent quatre années incroyables. Je t'aimerai pour toujours. Tu rendras quelqu'un heureux un jour. » Elon Musk avoue quelques jours plus tard sur Twitter qu'il aimerait se remarier mais qu'il prendra le temps nécessaire pour trouver la personne lui correspondant le mieux. Une réplique que l'on pourrait penser extraite d'un film romantique mais qui illustre son désir d'être transparent et presque sans filtre auprès des millions de *followers* qui scrutent chaque seconde de sa vie ou presque.

Mais pour lui, pas question de partir à la recherche de cette âme sœur car il prépare un gigantesque projet. Sa fusée Falcon 9 doit décoller au mois de février avec à son bord la capsule Dragon, pour assurer un ravitaillement de la Station spatiale internationale. Toutes les équipes de SpaceX travaillent sans relâche pour que l'opération soit un succès retentissant. Pour la première fois de l'histoire de la conquête spatiale, la Nasa ne sera que spectatrice, laissant SpaceX aux commandes. En clair, Elon Musk est en passe de remplacer définitivement la navette spatiale dont chaque vol coûte 1 milliard de dollars par une fusée dix fois moins chère !

Pour des raisons techniques, le lancement est reporté à plusieurs reprises. Elon Musk ne veut prendre aucun risque même s'il sait que dans ce domaine, l'imprévisible est toujours de mise.

Finalement, un nouveau lancement est programmé le 19 mai 2012. Le compte à rebours de dix secondes se déclenche mais juste après le traditionnel « Go ! », la fusée ne décolle pas. Le lancement est interrompu à cause d'un ordinateur défaillant. Elon Musk explique lui-même ce qui s'est passé : « La pression dans une chambre d'un des moteurs du premier étage a légèrement excédé une limite technique. Nous allons réajuster cette limite en vue d'une nouvelle tentative de lancement dans quelques jours. »

Effectivement, le 22 mai au matin, tous les voyants sont au vert pour une nouvelle tentative. Sur le pas de tir de la base de cap Canaveral, à 9 h 44, la fusée décolle dans le ciel de Floride. 9 minutes et 49 secondes plus tard, la capsule Dragon est placée sur orbite et commence son voyage vers la Station spatiale internationale. Après quatre jours de tests dans l'espace, la capsule s'accroche enfin à la station spatiale. Les images d'Oleg Kononenko, le commandant russe de l'ISS, et de son ingénieur de vol Don Pettit, flottant tous deux dans la capsule Dragon après avoir ouvert le sas, font le tour du monde des réseaux sociaux.

Pour Elon Musk la prochaine étape logique ne peut être qu'un vol habité dans la capsule Dragon dans une échéance qu'il souhaite la plus courte possible. Mais à peine la capsule Dragon se décrochait-elle de l'ISS pour revenir sans encombre sur Terre qu'Elon Musk fixait toute son attention dans la bonne marche de Tesla pour la mise sur le marché de la Model S. Comme l'explique *Le Figaro* dans son numéro du 2 juin 2012 : « La commercialisation de cette berline familiale doit permettre à la start-up de réussir sa transition vers la production de masse, elle qui n'a vendu à ce jour que 2 300 véhicules. »

Juste le temps de payer à son ex-femme Talulah la somme de 4,2 millions de dollars pour clore leur divorce, Elon Musk fait à nouveau sensation en accordant au début du mois de juillet une interview au magazine *PandoDaily*, sépcialisé dans les nouvelles technologies. Pour la première fois, il évoque le concept révolutionnaire d'Hyperloop qui consiste en un double tube dans lequel peuvent de déplacer des capsules sur coussin d'air propulsées par un champ magnétique. Selon ses premiers calculs, ces navettes capables de transporter des passagers et du fret sont susceptibles d'atteindre la vitesse ébouriffante de 1 102 km/h. Il prend l'exemple d'un trajet entre le centre de Los Angeles et celui de San Francisco, soit 551 kilomètres qui, avec l'Hyperloop, ne dépasserait pas 35 minutes ! « Ce projet est un croisement entre le Concorde et le canon à propulsion électromagnétique qui ne nécessite la pose d'aucun rail », lance Elon Musk aux journalistes en chiffrant le chantier à 6 milliards de dollars, soit le dixième du prix d'une ligne TGV pour la même distance. Enfin, il précise qu'il n'a déposé aucun brevet et qu'il souhaite que des start-up du monde entier s'emparent de ce projet pour le finaliser et il annonce qu'il publiera durant l'été 2013 plusieurs schémas préparatoires libres de droits et gratuits comportant un maximum d'informations techniques.

Après cette annonce fracassante largement commentée dans la communauté scientifique, il apprend une grande nouvelle. La prestigieuse Royal Aeronautical Society de Londres a décidé de lui remettre sa médaille d'or. Fondée en 1866, elle est la plus ancienne société savante d'aéronautique dont les premiers lauréats ont été les frères Orville et Wilbur Wright, pionniers légendaires de l'histoire de l'aviation au début du XXe siècle. S'inscrire dans cette filiation représente la plus belle des récompenses pour Elon Musk dont l'émotion est palpable pendant son discours de remerciements lors de la remise du prix. Au-delà de sa gratitude, il en profite pour évoquer ses projets devant son auditoire, notamment son rêve d'envoyer un module habité sur Mars. Il annonce qu'il souhaite mettre au point un nouveau moteur baptisé Raptor, suffisamment puissant pour réaliser ce voyage interstellaire, un moteur qui aura la particularité de fonctionner avec du méthane, un gaz dont la planète rouge est largement pourvue dans son atmosphère. Enfin, il détaille avec une multitude de points techniques son intention de réutiliser les fusées d'ici deux ans de façon systématique, tout en précisant qu'il reste encore des étapes à franchir pour y parvenir.

Le lendemain de cette intronisation qui se termine par une dégustation de grands crus classés offerts par SpaceX aux participants, Elon Musk rencontre plusieurs dizaines d'étudiants en science de l'université d'Oxford. Il échange avec eux sur les énergies du futur et il n'hésite pas à les inciter à ne pas s'interdire de rêver. Après ce séjour 100 % britannique, il rentre aux USA et, au mois de décembre 2012, il décide d'acheter pour 24 millions de dollars une immense maison à Los Angeles. Situé au 10911 Chalon Road, ce manoir de trois étages, de 1 600 m^2 a une piscine, un court de tennis et cinq garages. Ce dernier point a peut-être compté dans le choix d'Elon Musk qui voue un véritable culte à l'automobile, même si elle n'est pas électrique.

Le magazine *Vanity Fair* a ainsi recensé les modèles qu'il collectionne depuis de nombreuses années. Pour commencer, son premier véhicule, bien avant de connaître le succès et la richesse : une BMW 320 I de 1994 achetée d'occasion pour 1 400 dollars. C'est lui qui l'a totalement remise en état. Quelques années plus tard, disposant d'un peu plus de moyens, il s'offre pour 40 000 dollars une Jaguar Type E de 1967. Ensuite, impossible de ne pas citer sa célèbre McLaren F1 à 1 million de dollars dont le destin a hélas été brisé au hasard d'un virage mal négocié. Un accident de la route causé par Peter Thiel, le cofondateur de Paypal, qui était au volant ce jour-là, Elon Musk se contentant d'être son copilote. Problème : la voiture n'était pas assurée ! Ironie de l'histoire, les deux hommes étaient en route pour un rendez-vous avec un investisseur dans le capital-risque ! Ensuite, il a jeté son dévolu sur une voiture mythique qui a bercé son enfance, après l'avoir vue au cinéma dans une aventure de James Bond : la Lotus Esprit que conduit Roger Moore, alias 007, et qui a la particularité de se transformer en sous-marin dans *L'Espion qui m'aimait* sorti (1977). Achetée plus de 800 000 dollars dans une vente aux enchères, cette voiture n'est absolument pas amphibie, comme s'en aperçoit ensuite Elon Musk. Qu'importe, aux dernières nouvelles, il serait sur le point de la transformer en un véritable mini-sous-marin avec un moteur à propulsion ! On peut ajouter à cette collection une antique Ford T de 1908 en parfait état de marche. Pour clore cette liste, on peut évoquer une Porsche 911 et une Audi Q7. Cette dernière a la particularité d'avoir inspiré à Elon Musk les portières *Falcon wings* des Tesla, qui s'ouvrent comme le battement d'ailes d'un rapace. Pour expliquer sa démarche qui n'a pas forcément été du goût des concepteurs de ce véhicule allemand haut de gamme, Elon Musk a eu cette formule : « Le confort à l'arrière de cette voiture est particulièrement épouvantable. Il faut être un alpiniste nain pour pouvoir s'asseoir sur les sièges et s'en extraire. » On conçoit aisément à l'énoncé de cette liste que le pouvoir d'achat d'Elon Musk a tendance à augmenter à un rythme exponentiel !

Au début de l'année 2013, sa fortune personnelle est évaluée à 7,7 milliards de dollars. Il décide d'acheter une deuxième maison dans la même rue que la précédente, mais cette fois au 10930 Chalon Road. Il s'agit de l'ancienne demeure de l'acteur Gene Wilder. Cette propriété de 280 m² comprend cinq chambres et Elon Musk décide de la transformer en école privée pour ses cinq fils, triplés et jumeaux. Il lui donne un nom : Ad Astra (« vers les étoiles » en latin). Le principe de cet établissement d'un nouveau genre est à l'image de son concepteur : inclassable ! Dans cette école, il n'y a pas de notes et pas d'examens. Pas de musique, pas de sport, pas d'apprentissage de langues étrangères mais des heures et des heures passées sur des ordinateurs pour traiter d'études de cas ou de projets, parfois géopolitiques ! Sans oublier l'apprentissage des langages informatiques, mais aussi des cours pour maîtriser la prise de parole en public. Enfin, Elon Musk a tenu à ce que, si un élève n'aime pas une matière, il puisse en changer immédiatement !

De son côté, il ne change rien de sa vie trépidante, même si le mois de mars 2013 s'annonce pour le moins incertain quant à l'avenir de Tesla selon l'auteur du livre *Elon Musk. L'Entrepreneur qui va changer le monde*[1]. Ashlee Vance affirme en effet qu'Elon Musk sait qu'il ne dispose plus que de deux ou trois semaines de trésorerie,

1. *Op. cit.*

et il ne voit pas décoller les ventes de son dernier Model S. Il décide alors, selon le journaliste, de contacter Larry Page, le grand patron de Google, pour qu'il vienne à son secours en versant 11 milliards de dollars à la société et qu'il le maintienne à son poste de PDG pendant une durée minimale de huit ans. Mais le temps que Larry Page réfléchisse à cette offre, le contexte économique sourit à nouveau à Elon Musk. Les commandes affluent et Tesla se remet vite à flot. On ne saura donc jamais si l'association Musk/Page aurait pu fonctionner. Les deux hommes n'ont jamais confirmé ni démenti ces informations qui participent à la légende muskienne.

Au mois de février, nouveau rebondissement dans la vie sentimentale de l'homme d'affaires. Il s'affiche tout sourire aux côtés de son ex-compagne Talulah Riley dans un théâtre de Los Angeles. Le couple à nouveau réuni explique que le divorce est annulé et que leur histoire d'amour reprend. Ils décident de se remarier au mois de juillet 2013.

Le moral au beau fixe, Elon Musk peut se concentrer sur l'échéance capitale de l'automne pour SpaceX : mettre sur orbite un satellite de télécommunication pour le compte d'un opérateur luxembourgeois. Une perspective qui n'est pas sans inquiéter le groupe français Arianespace qui était jusqu'ici en situation de monopole sur ce marché. Elon Musk sait que son concurrent reste sur une impressionnante série de 60 lancements réussis mais il entend bien devenir malgré tout le numéro 1 en proposant des prix beaucoup plus attractifs pour ses futurs clients.

Le lancement du satellite de 3,2 tonnes qui représente un contrat de 100 millions de dollars est prévu le 25 novembre 2013 sur la base de cap Canaveral. Ce premier lancement est reporté en raison d'un problème d'alimentation électrique au 29 novembre. Mais quatre jours plus tard, les ingénieurs décèlent une anomalie dans le système d'oxygène liquide. Finalement, après de multiples et minutieuses vérifications et contre-vérifications, le lancement est annoncé le 3 décembre. 23 h 41, heure de Paris. Le Falcon 9 s'élève dans le ciel et, 14 minutes plus tard, met sur orbite son « passager ». Dans la salle de contrôle, Elon Musk et ses équipes techniques poussent des cris de joie. Quelques heures après la réussite de cette opération, Elon Musk annonce qu'une cinquantaine de clients se sont manifestés pour la signature de contrats ultérieurs et que le carnet de commandes de SpaceX est largement rempli pour les prochaines années avec près de 60 % de vols commerciaux.

Elon Musk applique à la lettre le concept qu'il a imaginé en arrivant dans le secteur de la conquête spatiale : être un *game changer*. Il change le jeu, et même ses règles, en bouleversant au passage les certitudes, voire les habitudes dans tous les domaines où il décide de s'aventurer.

Mais alors que la réussite de SpaceX est saluée dans le monde entier, Elon Musk doit faire face à une situation de crise pour sa société Tesla. Depuis le mois d'octobre, trois Tesla Model S ont en effet pris feu accidentellement. Selon les premières constatations, ces incidents ont eu lieu alors que les voitures roulaient à grande vitesse. Même si aucun blessé n'est à déplorer, Elon Musk comprend qu'il doit vite prendre la parole pour éviter qu'une mauvaise publicité vienne freiner les ventes de son dernier modèle dont il a vendu 19 000 exemplaires. Il publie une longue lettre ouverte, « La Mission de Tesla », sur le blog de l'entreprise. Il y pose en premier lieu la question qui hante tous les esprits : « Quel est le risque d'incendie de la Tesla par rapport aux voitures à essence ? » et il argumente sa réponse avec des données chiffrées, fondées sur les analyses établies par les services de la NFPA (la sécurité routière américaine) : « Depuis que la Model S est entrée en production l'année dernière, il y a eu 250 000 incendies de voitures à essence aux USA, qui ont entraîné plus de 400 morts et environ 1 200 blessés graves presque dans l'indifférence générale. Cependant, les trois incendies de Model S qui n'ont causé ni blessés graves ni décès ont fait la une de tous les journaux nationaux. Cette couverture médiatique est disproportionnée. En lisant ces gros titres, il est facile de supposer que la Tesla a une plus grande propension à prendre feu que les voitures à essence alors que rien ne peut être plus éloigné de la réalité. En fait, vous êtes plus de quatre fois et demie susceptibles d'être victime d'un incendie dans une voiture à essence que dans une Model S. Compte tenu des probabilités dans l'absolu, vous êtes même plus susceptible d'être frappés par la foudre dans votre vie que de subir un incendie dans une Tesla ! »

Dès la fin de cette mise au point, Elon Musk détaille les trois mesures concrètes qu'il a décidé de prendre : « D'abord, nous avons déployé une mise à jour en direct de la suspension pneumatique qui se traduira par une plus grande garde au sol à vitesse d'autoroute. Pour être clair, il s'agit de réduire les risques de dommages par impact sous la carrosserie. Deuxièmement, nous avons demandé aux services spécialisés de l'administration américaine de mener une enquête complète sur ces incendies. Dans le cas où notre responsabilité serait engagée, nous modifierons immédiatement et gratuitement toutes les voitures existantes. Enfin, pour prouver à quel point nous sommes convaincus du faible risque d'incendie dans nos voitures, nous allons changer notre politique de garantie pour couvrir les dommages dus à un incendie même s'ils sont dus à une erreur du conducteur. En clair, et à moins qu'un propriétaire d'une Model S ne tente activement de détruire sa voiture par le feu, il est couvert. Toutes ces actions sont prises afin de montrer clairement la confiance que nous avons dans notre produit et d'éliminer toute perception erronée concernant l'intégrité de notre technologie et la sécurité de nos voitures. »

Malmenée sur les marchés boursiers pendant quelques mois, perdant un tiers de sa valeur depuis le début du mois d'octobre, l'action Tesla qui s'échange désormais à 117 dollars retrouve des couleurs dans les deux derniers mois de l'année, suscitant à nouveau l'intérêt et le questionnement des analystes financiers, comme celui que cite la version numérique du magazine Nouvelobs.com le 22 novembre 2012 : « Comment expliquer une hausse de 270 % depuis janvier 2013 ? Comment expliquer que Tesla qui produit 21 000 berlines cette année vaille 12 milliards d'euros, soit deux fois plus que Peugeot et Fiat qui, toutes deux réunies, fabriquent 6 millions de voitures ? »

Lors du salon de l'automobile de Los Angeles qui consacre définitivement la Tesla au rang de voiture d'exception, Elon Musk s'interroge lui aussi sur cette « folie » boursière qui enveloppe sa société et apporte sa réponse dans un grand sourire : « Notre secret, c'est d'appliquer chaque jour notre philosophie : Tout est possible ! »

Elon Musk ne peut qu'accueillir avec un grand sourire la déclaration de Juris Shibayama. Dans une interview, ce médecin du Tennessee, propriétaire d'une des trois Tesla ayant été victimes d'un incendie, revient sur ce que s'est passé pour lui : « Je roulais à 110 km/h sur une autoroute quand la voiture a heurté un morceau de métal qui est tombé d'une remorque d'un camion. Moins de deux minutes après ce choc, mon tableau de bord électronique m'a prévenu du danger en me demandant de m'arrêter au plus vite sur le bas-côté et de quitter l'habitacle. Aujourd'hui je n'ai qu'un seul objectif : racheter une Tesla ! »

9

Cap sur Mars

Quand Elon Musk ouvre un œil le matin du 1er janvier 2014, sa fortune personnelle est désormais de 8,4 milliards, soit un de plus qu'en 2013 !

Au mois de septembre 2014, il renouvelle le coup d'éclat qu'il avait réalisé dans une interview à un site internet d'information de San Francisco sur son projet d'Hyperloop. Une nouvelle fois, il choisit un site relativement confidentiel, Aeon, fondé en 2012, et qui s'intéresse à la culture, la science et la technologie à travers des articles au long cours ou des entretiens avec des invités prestigieux. C'est le cas d'Elon Musk qui a donc accepté de se plier au jeu des questions-réponses. Il commence par une annonce explosive : « Je veux créer une colonie sur Mars, qui serait peuplée d'un million d'hommes et de femmes ! » Un chiffre minimum selon lui pour créer une véritable colonie viable même s'il n'envisage pas de les envoyer à 60 millions de kilomètres de la Terre tous en même temps. Il détaille son idée en expliquant que les premiers voyageurs devront payer leur voyage en vendant tout ce qu'ils possèdent sur Terre pour pouvoir s'offrir un billet pour 500 000 dollars par personne. Elon Musk précise le calendrier qui lui permettrait d'obtenir une population aussi nombreuse sur la planète rouge : « En prenant 100 personnes à la fois, 10 000 voyages vers Mars seront nécessaires à une fréquence qui reste à déterminer. Un paramètre essentiel à prendre en compte sera le transport de marchandises. Pour subvenir à tous les besoins d'un équipage aussi nombreux, il faudra au moins dix transports associés. On devrait donc arriver à un chiffre de 100 000 voyages qui seront réalisés avec un vaisseau spatial géant ! »

Ces quelques phrases sont aussitôt reprises par les réseaux sociaux du monde entier dès la publication du magazine. Elles déchaînent les passions entre ceux et celles qui considèrent qu'Elon Musk est un doux rêveur trop longtemps bercé par les récits de science-fiction durant son enfance et ceux qui le perçoivent comme un visionnaire éclairé dont le seul but dans la vie est de changer celle de l'humanité.

Fin octobre 2014, il est invité d'honneur de l'Aero Astro Symposium organisé par le Massachusetts Institut of Technology. Cette fois, il ne s'attarde pas sur le sujet Mars, se contentant d'insister sur la nécessité de colonisation, mais plutôt d'intelligence artificielle. Quelques jours avant sa venue au MIT, il avait publié un tweet expliquant que selon lui, l'intelligence artificielle était beaucoup plus dangereuse que l'arme nucléaire. Il confirme son propos devant un public de scientifiques en n'hésitant pas à diaboliser l'IA au propre comme au figuré, le micro en main : « Nous devons être très prudents sur ce sujet. Si je devais déterminer la principale menace de nos existences, ce serait l'intelligence artificielle. Avec l'IA, on invoque le démon. Dans ce genre d'histoire, il y a toujours un type avec une croix et de l'eau bénite qui dit : "N'ayez crainte, avec ça, je peux contrôler le diable !" mais je vous le dis, je n'y crois pas du tout ! »

Et comme pour enfoncer le clou encore plus et illustrer sa défiance dans ce domaine, il n'hésite pas à citer un exemple concret et parlant : « Je crois que personne ne mesure vraiment à quel point l'intelligence artificielle progresse. En particulier si la machine repose sur des algorithmes d'auto-amélioration. On peut alors craindre qu'une optimisation dans ce secteur soit réellement dangereuse pour l'humanité tout entière. Imaginez une seconde qu'une machine dont la fonction soit de se débarrasser des spams décide que le meilleur moyen pour y arriver serait d'éliminer les êtres humains ! »

Durant cet automne 2014, pas un seul jour ou presque ne passe sans qu'Elon Musk ne fasse la une des journaux. En perpétuelle ébullition intellectuelle, il se positionne au mois de novembre sur un nouveau projet ambitieux et novateur : connecter la planète internet *via* une flotte de 700 satellites qui seraient mis en orbite à court terme. Plusieurs start-up sont déjà engagées dans cette quête technologique, dont OneWeb et son fondateur Greg Wyler, qui ambitionne d'envoyer dans l'espace 648 microsatellites pour permettre des connexions jusqu'ici impossibles dans les zones rurales ou les plus reculées de la planète. Selon le *Wall Street Journal* qui publie un reportage exclusif sur ce sujet, une association entre Wyler et Musk serait imminente. Mais, ce qui semble constituer une véritable consécration pour Elon Musk en cette fin d'année 2014, c'est la signature d'un contrat avec la Nasa pour que SpaceX ravitaille la Station spatiale internationale avec sa capsule Dragon.

Tout irait pour le mieux dans le meilleur des mondes si le 31 décembre au soir, la presse people n'annonçait pas que le couple Elon-Talulah décide de divorcer pour la deuxième fois ! La comédienne britannique de 30 ans explique qu'elle ne vit plus avec Elon depuis six mois et que le divorce se fera à l'amiable : « Nous continuerons à nous voir de temps en temps mais comme des amis », écrit l'actrice sur ses réseaux sociaux.

Elon Musk se réveille donc à nouveau célibataire en ce premier jour de l'année 2015, mais avec une fortune personnelle qui a atteint les 20 milliards de dollars. En ce début du mois de janvier, il annonce qu'il va finalement mener seul son projet de mettre une armada de 700 satellites en orbite. Il décide de créer un site dédié à cette nouvelle aventure à Seattle, avec une soixantaine de salariés et un budget de 10 milliards de dollars. Elon Musk reste discret sur l'emplacement du nouveau site industriel mais un journaliste du *Seattle Times* laisse entendre qu'il pourrait se situer à Redmond, une ville implantée à 25 kilomètres de Seattle qui a la particularité d'être non seulement la capitale de la bicyclette du nord des États-Unis, mais aussi et surtout le siège de Microsoft. C'est ici, sur un campus de 40 hectares, que travaillent plus de 40 000 salariés depuis la création de la firme, en 1992, par Bill Gates.

Elon Musk n'a donc pas choisi ce lieu par hasard. D'ailleurs, qui en douterait ? Pour l'heure, il reste toutefois discret sur la future adresse de son usine et il se concentre sur les échéances de SpaceX qui se rapprochent à grands pas. D'abord, il teste avec succès sa première et incroyable barge de récupération de fusées. Vu du ciel, ce navire d'un nouveau genre est une plateforme aussi grande qu'un terrain de football. On distingue un grand cercle blanc, puis un plus petit de couleur jaune et, en plein milieu de ce qui pourrait faire penser à une cible géante, le X de SpaceX. Ce navire totalement autonome, à la manière d'un drone flottant, mesure 91 mètres de long et 51 de large. Il servira de point d'atterrissage au premier étage de la fusée Falcon une fois sa mission accomplie dans l'espace. Malheureusement, si la navigation et le guidage ne présentent aucun souci, les premiers essais d'atterrissage d'engins beaucoup plus petits que la fusée Falcon ne connaissent que des échecs. Elon Musk, loin de se décourager, n'hésite pas à publier le 16 janvier sur ses réseaux sociaux les photos saisissantes des crashs dans des gerbes de feu. Malgré cette incertitude technique d'importance, il annonce qu'il maintient la mission de récupération d'un lanceur Falcon 9 juste après la mise en orbite d'un satellite.

Le lancement de la capsule qui devait ravitailler l'ISS a finalement été reporté de quelques jours en raison d'une anomalie dans le deuxième étage. Le 10 janvier 2015, le compte à rebours est à nouveau déclenché et le lancement se déroule sans le moindre problème, la mise en orbite de la capsule Dragon puis sa récupération par la Station spatiale internationale sont une totale réussite et 3,5 tonnes de fret et de provisions ont été envoyées pour l'équipage d'astronautes. En revanche, la récupération du lanceur ne se passe pas du tout comme l'avait prévu et imaginé Elon Musk, même s'il connaissait la part de risque de cette opération.

La fusée descend vers la barge mais elle se brise en explosant dès qu'elle se pose sur l'aire d'atterrissage. Elon Musk communique une nouvelle fois sur son compte Twitter : « Contrôler le premier étage d'un Falcon, qui mesure l'équivalent d'un immeuble de 14 étages et qui avance à 2 092 km/h, revient à essayer de maîtriser un manche à balai posé sur la paume d'une main en pleine tempête ! » Le patron de SpaceX confirme que ses équipes vont trouver la solution et que la première récupération de fusée sera effective d'ici quelques semaines.

Pendant que ses ingénieurs spatiaux se mobilisent pour gagner ce pari historique, le multimilliardaire se tourne à nouveau vers son activité de patron de Tesla. Le 30 mars à 18 h 30, il publie un tweet qui fait grand bruit : « Le 30 avril 2015, un nouveau produit Tesla qui ne sera pas une voiture sera dévoilé dans notre studio de design à Hawthorne. » Cette annonce pour le moins mystérieuse affole tout de suite les marchés financiers et la capitalisation de la société Tesla est à la hausse, comme le précise le 31 mars le journal économique *La Tribune* : « En quelques minutes seulement, l'action Tesla s'est envolée, faisant gonfler la valorisation boursière de la société d'un milliard de dollars ! Pour les actionnaires de Tesla, c'est une bonne nouvelle mais l'action vaut toujours 100 dollars de moins qu'en septembre. »

Dès cet instant, les spéculations vont bon train sur la nouveauté chez Tesla. Moto, scooter, avion ? Le secret est bien gardé sur cette innovation tant attendue. Le 30 avril à 18 heures, comme prévu dans son tweet, Elon Musk annonce dans une conférence de presse au siège de Tesla le lancement d'un système de batterie baptisé Powerwall qui, selon lui, doit révolutionner le stockage d'énergie pour les particuliers mais aussi pour les entreprises. L'équipement coûte 3 500 dollars. Pour le faire fonctionner, il faut qu'il soit fixé au mur, d'où son nom, et relié à des panneaux solaires. La maison particulière ou les locaux d'une entreprise peuvent ainsi bénéficier d'une autonomie énergétique, sans passer, ou presque, par les réseaux électriques. Pour les panneaux solaires, Elon Musk veut s'appuyer sur les compétences d'une société qu'il connaît bien, et pour cause, elle est dirigée par deux frères qui sont ses cousins ! Lyndon et Peter Rive ont créé ensemble SolarCity en 2006 et sont devenus au fil des ans le plus grand installateur de panneaux solaires des États Unis. Elon Musk a évidemment toujours suivi de près l'évolution de cette société, devenant d'ailleurs quasiment dès le début un investisseur important. Il prévoit une commercialisation auprès du grand public d'ici deux ans : « Notre but est de transformer totalement l'infrastructure énergétique mondiale pour la rendre totalement durable et sans produire d'émissions de carbone. La batterie jouera un rôle analogue à la manière dont le téléphone mobile a remplacé les lignes fixes terrestres. Enfin, ce sera une grande avancée pour les communautés les plus pauvres du monde car elle leur permettra d'accéder à l'énergie en se passant des réseaux électriques », conclut-il dans sa conférence de presse.

La fabrication de ces batteries, comme d'ailleurs celles de batteries lithium-ion, se fera dans une immense usine du Nevada dont Elon Musk avait annoncé la construction courant 2014. Le groupe Panasonic s'est d'ailleurs associé à cette aventure. En fait, les travaux de ce bâtiment hors norme baptisé GigaFactory ont commencé dans le courant du mois de juin 2014 près de la ville de Sparks. Il s'étendra sur 180 000 m^2 qui doivent abriter 500 000 m^2 d'installations sur plusieurs niveaux. Cette GigaFactory doit devenir la plus grande usine jamais construite. Elon Musk précise aussi qu'elle est conçue pour être autosuffisante en énergie et qu'elle sera essentiellement alimentée par des énergies renouvelables.

Une fois ce nouveau projet d'envergure sur les rails, Elon Musk prend la direction de la Floride où la fusée Falcon doit décoller de cap Canaveral pour mettre en orbite une capsule Dragon qui, une nouvelle fois, doit ravitailler la Station spatiale internationale. Après une série de six lancements réussis, les équipes de SpaceX sont optimistes pour ce septième départ de la fusée vers l'espace. Le 28 juin, le décollage se déroule à nouveau sans aucun problème mais après deux minutes de vol, le ciel semble s'embraser quand l'engin explose. Comme à son habitude, Elon Musk joue la transparence et, quelques minutes après l'accident, il explique sur Twitter que le réservoir d'oxygène liquide du deuxième étage a subi trop de pression. Cet événement se solde aussi par la destruction totale de la capsule Dragon qui transportait deux tonnes de matériel et de nourriture pour l'équipage de l'ISS.

L'impact médiatique de cette explosion permet aux détracteurs d'Elon Musk de revenir sur le devant de la scène. Plusieurs commentateurs n'hésitent pas à affirmer que cet accident est dû à son « rythme effréné d'innovation et de production », un autre dresse une liste : « Lanceur lourd, fusée réutilisable, vol habité, Mars, batteries, voitures, tous ces défis donnent simplement le vertige ! » En France, la critique la plus féroce paraît dans un article du journal *L'Usine nouvelle* : « SpaceX peut-il tenir le rythme ? Tous ses chantiers majeurs consomment des ressources d'ingénierie et de management. En comparaison avec l'industrie spatiale européenne, c'est le jour et la nuit ! Quand l'Europe décide de choisir une nouvelle fusée, en l'occurrence Ariane 6, elle vise un premier vol en 2020. Le lanceur européen réutilisable ? Les projets sortent seulement des cartons. Rien n'est sérieusement envisagé avant 2030, moins pour des questions de rapidité de développement que de financement. Et croyez-vous que SpaceX aligne des bataillons d'ingénieurs pour atteindre ces objectifs à très court terme ? Eh bien non ! Son modèle de rupture impose à Elon Musk de faire les choses à l'économie. Sa société ne compte qu'un effectif de 3 000 salariés quand Airbus Safran Launchers représentera pour un même périmètre 8 000 salariés ! Cherchez l'erreur ! »

Elon Musk décide de ne pas entrer dans la polémique. Il se contente d'annoncer tranquillement que sa fusée réutilisable sera à nouveau lancée à la fin de l'année 2015. Au mois de juillet, il signe une lettre ouverte regroupant plus d'un millier de scientifiques et de chefs d'entreprise du monde entier pour réclamer l'interdiction de fabriquer des armes autonomes qui permettent de combattre des cibles sans intervention humaine. Sa signature figure à côté de celle du célèbre astrophysicien anglais Stephen Hawking mais aussi du patron d'Apple, Steve Wozniak et de Demis Hassabis, fondateur de la start-up DeepMind, spécialisée dans l'intelligence artificielle pour le compte de Google.

Au mois d'août, Elon Musk se focalise à nouveau sur Tesla. Il confirme que la marque s'apprête à commercialiser dès le mois de septembre son nouveau modèle, Model X. Il s'agit d'un SUV familial d'une capacité de sept places qui dispose de deux moteurs, un à l'avant, entre les roues, et le deuxième à l'arrière. La batterie est placée sous le plancher. Ricardo Reyes, chargé de la communication pour Tesla, précise dans un communiqué que la voiture disposera d'un « pilote automatique » qui « pourra prendre la main de temps en temps pour une conduite sur une autoroute ». Il ajoute que le Model X pourra aussi détecter les virages, les piétons ou encore les défauts sur la chaussée. Enfin, Elon Musk a tenu à ce que ce 4 × 4 électrique soit équipé d'un filtre assez puissant pour éviter que l'air ne soit vicié dans l'habitacle en cas d'attaque bactériologique.

Le jeudi 13 août 2015, Elon Musk, qui détient 27 % du capital, annonce que Tesla va réaliser une levée de fonds à hauteur de 575 millions de dollars en vendant 2,1 millions de titres de la société au prix de 238,7 dollars l'action. Il annonce aussi qu'il va acheter 83 974 actions à titre personnel. La bourse américaine reçoit favorablement cette information puisque l'action gagne plus de 3 dollars en 24 heures ! Dans un document boursier, les dirigeants de Tesla détaillent cette ample opération financière en la justifiant par une « accélération indispensable de l'activité de Tesla aux États-Unis mais aussi à l'international ».

Le 10 septembre 2015, Elon Musk est l'invité d'honneur du *late show* présenté par Stephen Colbert sur la chaîne CBS. C'est l'occasion pour les millions de téléspectateurs qui suivent l'émission de découvrir le patron de SpaceX et de Tesla assis confortablement sur un plateau de télévision, en toute décontraction, qui répond aux questions en direct. On entre dans le vif du sujet dès les premières secondes :

STEPHEN COLBERT : Les gens vous surnomment Tony Stark mais pouvez-vous nous dire que vous voulez vraiment changer le monde ?
ELON MUSK : Eh bien j'essaie vraiment de faire des bonnes choses pour la planète, oui !
STEPHEN COLBERT : Mais vous êtes aussi milliardaire alors êtes-vous un super-héros ou un super-vilain ? Vous devez essayer de choisir un des deux !
(Rires dans la salle.)
ELON MUSK : J'essaie de faire des choses utiles.
STEPHEN COLBERT : Bon, je suis propriétaire d'une Tesla. J'aime ma Tesla et je voudrais que vous me parliez de ce nouveau chargeur que vous avez mis au point ! Le snake !

Ce prototype étonnant est alors montré dans une courte vidéo. On voit ce qui ressemble à un serpent en métal brillant se mettre à avancer vers la prise de la Tesla à l'arrière gauche du véhicule et se connecter sans aucune intervention humaine. La charge peut alors commencer.

STEPHEN COLBERT : Quand je regarde ces images, je me demande s'il ne faut pas que j'aie peur que ce serpent m'attaque pendant mon sommeil !

Elon Musk : En fait, c'est un prototype assez saisissant mais qui n'est pas dangereux. Enfin, je vous recommande quand même de ne rien laisser tomber près de lui quand vous allez recharger votre voiture dans votre garage !
(Éclats de rire du public et du présentateur.)

Ensuite, Stephen Colbert aborde le sujet de Mars en rappelant à son invité que la planète rouge est inhabitable. Il aimerait bien savoir ce qu'imagine Elon Musk pour modifier cet état de fait.

Elon Musk : Je pense qu'il existe deux façons de faire ressembler Mars à la Terre. D'abord, il suffit de la réchauffer. La température est de – 65 °C ! Pour cela, nous avons deux solutions qui s'offrent à nous : une rapide et une lente. Je commence par la lente. Il faut saturer l'atmosphère martienne de gaz à effet de serre mais cela peut prendre des années. Pour la solution rapide, il faut simplement bombarder Mars avec une multitude de bombes atomiques !
Stephen Colbert *(hilare)* : En fait Elon, vous êtes vraiment un super vilain !

Après cette récréation télévisée suivie tout de même par 12 millions de téléspectateurs, Elon Musk change d'humeur quand il découvre le 24 novembre que la fusée New Shepard de la firme Blue Origin dirigée par Jeff

Bezos, fondateur et patron d'Amazon, est revenue sur Terre sans encombre après le largage d'une capsule vide mais pouvant transporter six passagers dans l'espace. Pour Jeff Bezos, écarté de la course à l'espace en 2010 par la Nasa qui lui avait préféré SpaceX, cette prouesse technique prend un air de revanche. « Si tout se passe bien, nous serons capables de transporter des passagers vers l'espace à l'horizon 2017 ! » affirme-t-il juste après l'atterrissage de sa fusée. Il conclut son tweet accompagné de la vidéo de la fusée se posant par cette phrase : « Un spécimen rare : une fusée usagée. Un atterrissage contrôlé, pas simple mais exécuté comme il faut, peut avoir l'air facile ! »

Le monde entier attend alors la réponse d'Elon Musk tant cette dernière pique au parfum condescendant semble lui être indirectement adressée par le patron d'Amazon. Une heure plus tard, Elon Musk réagit sur son compte Twitter : « Bravo à Jeff Bezos et à l'équipe de Blue Origin pour avoir réussi un décollage et un atterrissage vertical avec leur lanceur. » On se dit alors qu'il s'incline, beau joueur, mais la suite du tweet change radicalement de tonalité : « Il est important cependant de distinguer espace et orbite, Jeff n'est peut-être pas au courant que les vols suborbitaux de SpaceX ont commencé en 2013. Amerrissage en 2014. Atterrissage à venir. » On devine dans ces propos qu'il veut passer à l'offensive.

Avant de se concentrer sur un prochain lancement, Elon Musk accepte l'invitation qui lui est adressée par l'université de la Sorbonne, à Paris, à l'occasion de la COP 21, la conférence mondiale sur le climat. Il retrouve une ville qu'il avait visitée en 1977 avec ses parents et reconnaît qu'il ne se souvient plus vraiment de ce qu'il avait vu à l'époque : « J'avais six ans et c'était notre premier grand voyage en famille. Ce sont mes parents qui m'ont raconté mais cette fois je vais me souvenir de tout. » Il veut rencontrer uniquement des étudiants, pas question pour lui de s'afficher avec des représentants du monde politique. Habillé de noir des pieds à la tête, Elon Musk est longuement applaudi lorsqu'il se présente sur la scène du magnifique et solennel amphithéâtre Richelieu. Les 1 000 places se sont arrachées. La salle est comble. Durant plus d'une heure, micro-casque sur la tête, il offre une conférence sur la crise climatique avec de nombreux graphiques et photographies qu'il fait défiler derrière lui, sur un écran géant. Il n'hésite pas à prendre position clairement sur une taxe carbone qui, selon lui, doit s'imposer au plus vite dans l'économie mondiale. Il parle aussi d'énergies renouvelables, des solutions électriques qu'il préconise dans les transports et, au détour d'une question sur le nucléaire posée par un étudiant dans la salle, lance qu'il est totalement « pour le nucléaire », tout en apportant quelques bémols : « L'énergie nucléaire a toute sa place dans des pays comme la France qui bénéficient d'un environnement naturel stable. Ici, pas de risques de tsunamis, ni d'ouragans ou de tremblements de terre. Avec une technologie suffisamment développée et une autorité de sûreté puissante, le risque est plus qu'acceptable. En revanche, implanter des réacteurs nucléaires dans des zones sensibles comme en Californie ou au Japon c'est une grave erreur. Enfin, sur un plan plus idéologique, je fais un calcul très rationnel comme certains écologistes : le nucléaire a tué moins de personnes que le réchauffement climatique. »

Elon Musk termine sa prise de parole par une phrase, avertissement indirectement lancé à tous les chefs d'État présents à Paris pour ce sommet de la COP 21 : « Retarder la transition énergétique nous fait courir un risque encore plus grand que la somme de toutes les guerres que l'humanité a connues au cours de son histoire. »

21 décembre 2015. La base de cap Canaveral est à nouveau en ébullition. Une fusée Falcon 9 doit décoller à 20 h 30, heure locale (2 h 30, heure de Paris). Au-delà du lancement qui prévoit la mise sur orbite de 11 satellites après la séparation du deuxième étage, c'est surtout la récupération du premier étage qui est dans tous les esprits. Six mois après l'échec retentissant de la première tentative, les ingénieurs de SpaceX savent qu'ils n'ont pas le droit à l'erreur. Le lancement se déroule encore et toujours sans aucun problème. La fusée s'élève et après

11 minutes 26, le premier étage se détache et commence sa descente vers la Terre. Après 30 secondes, sous les acclamations des salariés de SpaceX, il se pose tout en douceur, dans une ambiance digne d'un stade en finale de la Coupe du monde de football. Elon Musk savoure cet instant historique : « Nous vivons un moment révolutionnaire ! Jamais dans l'histoire quelqu'un n'avait réussi à ramener intact sur Terre un lanceur de classe orbitale ! » La Nasa, ayant évidemment suivi chaque seconde ce vol qui marquera l'histoire à jamais, envoie tout de suite un message de félicitations à SpaceX et son patron. Le futur s'annonce pour le moins rayonnant, avec de nombreux lancements au programme, dont l'un, très attendu, d'une capsule habitée. Même si sa date n'est pas encore officiellement fixée, l'échéance se rapproche.

Pour entamer l'année 2016, Elon Musk, dont la fortune personnelle s'établit désormais à 188,5 milliards de dollars, soit 1,5 milliard de plus que Jeff Bezos, décide de se faire un petit plaisir. Il veut remplacer son ancien jet privé qui date de 1999 par un flambant neuf pour un montant de 70 millions de dollars. Il a fait appel à la société américaine Gulf Stream dont les avions luxueux sont reconnaissables à leurs hublots ovales. Son nouvel avion de 18 places a un rayon d'action de 13 000 kilomètres. Pour son voyage inaugural au mois de janvier, Elon Musk décide de se rendre en France. Il vient visiter la concession Tesla qui a ouvert ses portes en novembre 2015 à Chambourcy, dans les Yvelines. Elon Musk se prête au jeu des questions-réponses en montant sur une scène improvisée, un micro dans la main. Une première question fuse du public :

— Monsieur Musk, quel est l'avenir de Tesla en France ?

— Je pense qu'il faut sérieusement envisager l'ouverture de deux usines de productions Tesla, une en Asie, probablement en Chine, et l'autre en Europe. Le site européen doit être idéalement situé à un carrefour logistique. Beaucoup de pays européens offrent des possibilités d'implantation mais ici, en France, je pense que nous pourrions le faire dans une région comme l'Alsace !

Dès que le mot « Alsace » est lâché, les réseaux sociaux s'enflamment comme une traînée de poudre. La rumeur d'une usine près de Strasbourg se fait de plus en plus pressante. Un responsable d'un organisme de développement économique alsacien propose même de faire construire une Tesla en cristal dans les ateliers Lalique en guise de remerciement à Elon Musk. Devant cet affolement général, l'état-major de Tesla précise le lendemain de cette annonce qu'il n'a jamais assuré que l'Alsace serait la région choisie et que tout cela n'était que pure spéculation. Durant ce voyage en région parisienne, Elon Musk reçoit la visite surprise du ministre français de l'Économie, un certain Emmanuel Macron qui quittera quelques mois plus tard son poste à Bercy pour se lancer dans une aventure politique en solo.

Solo, c'est aussi la situation d'Elon Musk après sa séparation, cette fois définitive, de Talulah Riley. Leur second mariage n'aura duré que cinq mois et leur second divorce est officialisé. La comédienne britannique reçoit 16 millions de dollars pour clore la procédure

Le 27 septembre, Elon Musk arbore une barbe de trois jours quand il arrive au Mexique. Il participe à un grand congrès aéronautique mondial organisé dans la ville de Guadalajara. C'est l'occasion pour lui de revenir sur son projet martien qu'il détaille dans une longue prise de parole devant des milliers de spectateurs. Pour dramatiser son propos et lui donner encore plus de relief, il prend la parole sous un globe qui représente Mars. Dans un premier temps, il parle d'un début de colonisation en 2024 à bord d'une fusée dont il donne d'abord les initiales : « Elle s'appellera BFR. » La salle acquiesce poliment avant qu'Elon Musk ne rajoute : « BFR, cela veut dire Big Fucking Rocket ! » Les spectateurs ne peuvent s'empêcher de sourire et on perçoit une clameur qui semble signifier : « Oh non il a osé ! » Ensuite, il donne les détails avec des photos en 3D de cette future fusée forcément hors norme. Une hauteur de 100 mètres pour 9 de large avec à bord 42 cabines de deux ou trois places. La capacité totale sera d'une centaine de passagers. Chaque vaisseau sera équipé d'un restaurant, de salles de jeu et de sport. Il parle ensuite du prix du voyage qui devrait se situer autour de 100 000 dollars par personne. Enfin, il insiste sur la nécessité de créer une véritable ville sur Mars, mais aussi une base qui fabriquera du carburant pour le millier de BFR qu'il entend construire pour mener à bien cette colonisation interstellaire. Après une présentation enthousiaste, il tempère tout de même son propos visionnaire : « Ne nous cachons pas que ce long voyage peut être fatal. Je pense que les premiers voyages jusqu'à Mars seront très, très dangereux. Le risque de décès sera élevé. Mais il n'y a pas d'autre option. Il s'agira fondamentalement de se dire : "Es-tu prêt à mourir ?" Si tu acceptes alors tu seras un candidat pour partir ! »

Durant cette même conférence, Elon Musk se positionne aussi pour la construction d'une base lunaire dont il ne comprend pas qu'elle ne soit toujours pas construite ou programmée.

En revanche, il a bien programmé et supervisé la construction de sa barge autonome étrangement baptisée « *Just read the instructions* » (il suffit de lire les instructions), sur laquelle doit se poser dans le courant du mois d'avril le premier étage de 70 mètres de la fusée Falcon. Cette fois, le 8 avril, les conditions météorologiques sont favorables. Pas de vagues géantes dans l'océan Atlantique au large de cap Canaveral pour déstabiliser la zone où la fusée doit se poser. C'est la cinquième tentative en pleine mer pour SpaceX. Toutes ont échoué jusqu'à présent mais les ingénieurs d'Elon Musk veulent croire en leurs chances après une multitude d'améliorations techniques et de réglages du système. La fusée décolle de son pas de tir et, comme prévu dans le plan de la mission, le lanceur propulse la capsule Dragon. Moins de dix minutes plus tard commence sa descente vers la barge en pleine mer. Les images de ce long fuselage se posant tout en douceur au milieu de la barge sur le X suscitent à nouveau des acclamations tonitruantes dans les salles de contrôle de cap Canaveral. Elon Musk ajoute ce jour-là une ligne à sa légende. Il y a plus de dix ans, il affirmait qu'il arriverait à faire poser une gigantesque fusée après un voyage orbital pour la réutiliser ensuite. C'est désormais chose faite ! Cet exploit technologique est salué par Barack Obama, le président en exercice : « Félicitations à SpaceX pour avoir posé une fusée en mer. C'est grâce à des innovateurs comme vous et la Nasa que l'Amérique continue à dominer l'exploration spatiale. »

Le 6 mai 2016, SpaceX semble compliquer le scénario quand Elon Musk annonce que le lanceur sera récupéré sur la barge au large de cap Canaveral, mais cette fois en pleine nuit ! Le lancement est réussi à 100 % et la barge accueille comme prévu le lanceur qui se pose au millimètre près à l'endroit prévu. Cette fois, les équipes de communication ont fait les choses en grand et l'arrivée de la fusée est filmée de tous les angles avant qu'une vidéo ne soit mise en ligne dans les secondes qui suivent. Comme pour faire définitivement oublier la concurrence de Jeff Bezos dans ce domaine, Elon Musk attend avec beaucoup d'impatience un troisième atterrissage consécutif de Falcon sur sa barge autonome dans l'Atlantique. Il a lieu le 27 mai et se déroule sans accroc.

Mais le 15 juin 2016, l'euphorie de la réussite laisse place à une immense déception. Si la mise en orbite des satellites s'effectue selon une routine désormais bien établie, en revanche, le retour du premier étage ne se passe pas du tout comme l'avaient imaginé les ingénieurs de SpaceX. La fusée se brise et prend feu immédiatement, juste avant de se poser sur la barge. Elon Musk confirme l'échec sur son compte Twitter en écrivant avec humour, malgré les circonstances : « *RUD = Rapid Unscheduled Disassembly* » que l'on peut traduire par « Démontage rapide non programmé ».

Les opérations de SpaceX ne sont pas freinées pour autant et le 1er septembre, une fusée Falcon doit mettre sur orbite le satellite Amos 6, d'une valeur de 200 millions de dollars, pour le compte de l'opérateur israélien Spacecom Ltd. Ce satellite est destiné à couvrir toute l'Afrique subsaharienne et la société Eutelsat, en partenariat avec Facebook, a loué un des réseaux pour la diffusion de services haut débit. Deux jours avant le lancement, les équipes techniques procèdent à des tests de mise à feu des moteurs de la fusée. Soudain, les caméras de surveillance placées sur le pas de tir filment une énorme explosion suivie d'une boule de feu gigantesque qui embrase toute la fusée. Plusieurs explosions moins puissantes résonnent ensuite dans le ciel de Floride avant qu'une épaisse fumée noire s'échappe de la base, visible des kilomètres à la ronde. Heureusement, aucun blessé ne sera à déplorer mais il y aura des dégâts considérables, à commencer par la destruction totale du satellite.

Pour Elon Musk, c'est un coup dur. Il subit un deuxième échec en quinze mois mais cette fois, c'est la réputation de SpaceX qui est en jeu. La société doit encore honorer une série de neuf lancements avant la fin du mois de décembre 2016. Son patron doit retarder ce programme mais aussi celui du lancement d'un nouveau lanceur présenté comme le plus puissant jamais construit par l'homme. « On a peut-être été trop confiants », reconnaît-il dans un tweet juste après cet accident, avant de demander à ses équipes de faire toute la lumière pour expliquer ce qui s'est passé.

Au mois de novembre 2016, le rapport d'enquête de SpaceX confirme que l'explosion du lanceur a été provoquée par l'explosion d'un des trois réservoirs d'hélium, une explosion qui a ensuite généré des ondes de choc qui ont vaporisé l'oxygène liquide. Des gouttelettes de vapeur se sont alors formées et ont enflammé le kérosène qui a fait exploser le lanceur et son satellite, sur sa coiffe. Juste après cette analyse, l'état-major de SpaceX monte au créneau en expliquant qu'une série de mesures de vérifications permettra d'éviter qu'un tel accident ne se reproduise dans le futur, notamment avec une multiplication des contrôles de qualité à tous les niveaux de fabrication. L'opération de communication est une réussite puisque les clients de SpaceX maintiennent leur confiance à Elon Musk. Il faut dire que le carnet de commandes est bien rempli avec 70 missions d'ores et déjà programmées pour un budget total de 10 milliards de dollars. Certes, le pas de tir de cap Canaveral a été partiellement détruit mais SpaceX dispose de deux autres sites tout aussi performants. L'un se trouve dans la même base de cap Canaveral et le second, en Californie, sur la base Vandenberg.

Est-ce pour se remettre de ses émotions où pour essayer de se changer les idées ? En tous les cas, le 17 décembre 2016, Elon Musk défraie encore la chronique en expliquant qu'il souhaite à présent conquérir le sous-sol des villes pour réduire voire faire disparaître les bouchons et les flots de voitures ininterrompus dans les grandes métropoles. Il annonce donc qu'il veut construire « *a tunnel boring machine* », une machine à creuser des tunnels, grâce à une nouvelle société qui a pour nom The Boring Company (la Compagnie qui creuse). Mais dans l'esprit complexe d'Elon Musk qui est un habitué des jeux de mots parfois douteux, on peut aussi comprendre que *boring* (« creuser »), qui a un double sens en anglais (« s'ennuyer »), signifie « l'entreprise ennuyeuse » ! Il a ciblé la ville qui servirait de laboratoire à son nouveau projet : Los Angeles. C'est ici qu'il vit et c'est surtout ici qu'il ne supporte plus d'être coincé dans les bouchons. Comme toujours avec Elon Musk, rien n'arrive par hasard et toutes ces idées futuristes sont forcément liées à un moment de sa vie personnelle. Reste maintenant pour lui à obtenir les autorisations administratives pour pouvoir creuser le sous-sol de la cité des anges.

10

Des projets plein la tête

L'année 2017 doit à nouveau être exceptionnelle, se dit certainement Elon Musk en sortant de son lit le 1er janvier. D'ailleurs, a-t-il besoin de se le dire vraiment dans la mesure où il ne s'écoule pas un jour ou presque sans qu'il se passe quelque chose de hors norme dans sa vie ? Pour lui, l'année qui s'annonce doit être celle de la résilience après la catastrophe du lanceur Falcon au mois de juin dernier. SpaceX se prépare à réaliser une première mondiale et forcément historique : réutiliser un lanceur pour un nouveau décollage !

Cette mission est programmée le 30 mars 2017 avec le premier étage d'une fusée Falcon déjà utilisé lors du vol d'avril 2016. Si la finalité de l'opération est de placer avec succès un satellite de télécommunication d'un opérateur luxembourgeois, elle est aussi et surtout le moyen de prouver à la communauté scientifique que cette idée de réutiliser systématiquement des engins spatiaux n'est pas une utopie. En 2015, Elon Musk expliquait que cette partie réutilisable de la fusée pouvait théoriquement être recyclée une centaine de fois même si elle ne pourrait pas voler à nouveau plus de vingt fois. L'objectif de SpaceX est de réduire de 30 % au moins le coût d'un lancement. Initialement et logiquement, c'est le premier étage de la fusée Falcon qui avait été récupéré après s'être posé sur le sol à la fin de sa mission dans l'espace qui aurait dû être réutilisé. Mais Elon Musk souhaite garder la fusée comme un élément essentiel qui a marqué l'histoire de SpaceX et il a décidé de l'exposer au siège de la société, à Hawthorne, en Californie.

Le lancement se déroule parfaitement et le premier étage se pose lui aussi parfaitement sur la barge au large de cap Canaveral. Si les sourires et un optimisme à toute épreuve se lisent à nouveau dans les regards des salariés de SpaceX, l'humeur est diamétralement différente sur les lignes de fabrication et dans les bureaux de Tesla, même si tous les voyants semblent au vert. La marque livre le 28 juillet ses trente premiers exemplaires de la Model 3, sa nouvelle berline familiale qui dispose d'une autonomie de 600 kilomètres. C'est le quatrième modèle de Tesla qui dispose, pour la recharge, de bornes ultrarapides appelée Superchargeurs qu'Elon Musk a dévoilées en exclusivité mondiale dans un tweet matinal au mois de janvier. Cette fois c'est du concret, puisque ces installations nouvelles permettent de charger en un temps record de 15 à 30 minutes.

Lors de cet événement du 28 juillet, Elon Musk précise que la Model 3 est littéralement plébiscitée avec près de 500 000 réservations effectives. Mais en coulisse, la situation est beaucoup plus complexe qu'elle en a l'air. Le déficit s'est creusé au fil des mois pour atteindre, selon le magazine *Forbes*, 1,96 milliard de dollars, le plus mauvais chiffre jamais enregistré par la société. Le prix de l'action a chuté de presque 4 dollars. Les analystes expliquent cette situation par une difficulté chronique pour maintenir un rythme élevé de production de la Model 3 vendue à partir de 35 000 dollars sur le marché américain. Rebecca Lindland, grande prêtresse de l'analyse financière pour le compte de *Kelley Blue Book*, se veut tout de même rassurante dans une interview au site Forbes.fr : « Même les adorateurs de Tesla qui attendent une Model 3 ne sont pas certains que le constructeur puisse produire 10 000 véhicules par semaine, ce qui est indispensable si Elon Musk veut remplir son objectif de 500 000 voitures par an. Je pense qu'il peut bien s'en sortir s'il arrive à produire 150 000 unités avant fin 2017. En tous les cas, il faut qu'Elon Musk s'entoure de prévisionnistes dignes de confiance afin de fixer des objectifs raisonnables pour Tesla. »

Comme pour rassurer ses clients et actionnaires dans ce climat tendu et incertain, Elon Musk annonce qu'il a décidé de remplacer lui-même John Mcneil qui était jusqu'alors le responsable des ventes. Comme toujours, Elon Musk fait la une des journaux économiques mais au mois de mai, il apparaît aussi à nouveau dans les magazines people : une photo de l'homme d'affaires avec Amber Heard (31 ans), ancienne compagne du comédien Johnny Depp, publiée sur Instagram ne laisse planer aucun doute sur la nature de leur relation ! Le couple est assis à une table de restaurant. Amber Heard tient un verre de vin rouge dans sa main droite et a posé la main gauche sur l'épaule droite d'Elon Musk. Détail important. On devine nettement une marque de baiser de rouge à lèvres écarlate sur sa joue droite !

On apprend peu après que leur liaison dure depuis plus d'un an et qu'ils filent depuis le parfait amour, pour le plus grand bonheur des paparazzi qui suivent désormais tous leurs faits et gestes. Le couple aime à se retrouver dès qu'il le peut en terrasse du restaurant Sweet Butter, à Sherman Oaks, un quartier tranquille de Los Angeles connu pour ses bonnes adresses gastronomiques. Elon Musk, qui a fêté ses 46 ans avec sa nouvelle compagne au mois de juin, pourrait être tenté de se reposer un peu durant l'été 2017, dans quelque endroit paradisiaque de la planète. Mais il reste en Californie.

Au mois de juillet, il s'offre un duel *via* les réseaux sociaux avec Mark Zuckerberg, le patron de Facebook. Fidèle au rendez-vous « Ask me anything » (Demandez-moi ce que vous voulez) dans lequel il répond en direct aux questions des internautes, il aborde le dossier sensible de l'intelligence artificielle et il n'hésite pas à se positionner clairement en faveur de son développement futur : « Je pense que les gens qui s'opposent à l'IA en avançant un scénario de fin du monde ont un comportement irresponsable. Je ne comprends pas qu'ils soient aussi négatifs. Je suis persuadé que dans les cinq à dix ans, l'intelligence artificielle va apporter tellement d'améliorations à nos vies ! Si vous prenez position contre l'IA, alors vous critiquez la possibilité de mieux diagnostiquer les gens quand ils sont malades ou de rouler avec des voitures plus sûres qui n'auront pas d'accidents ! »

Impossible pour Elon Musk de passer à côté de cette déclaration qui intervient quelques jours seulement après qu'il a pris une nouvelle fois position contre l'IA. Le 18 juillet, invité par l'Association des gouverneurs américains, il n'a pas hésité à réclamer des textes de loi pour encadrer les recherches dans ce domaine : « Je n'arrête pas de sonner l'alarme mais jusqu'à ce que les gens voient vraiment des robots tuer des personnes, ils ne sauront pas comment réagir, tellement ça leur paraît irréel. Personnellement, je travaille depuis longtemps sur des formes très avancées d'intelligence artificielle et je pense qu'on devrait tous s'inquiéter de ses progrès ! » Une semaine après cette prise de parole, la réponse du patron de Facebook sonne à l'oreille d'Elon Musk comme une critique à peine voilée et il décide donc logiquement de lui répondre dans un tweet laconique publié le 25 juillet à 21 h 07 : « J'ai échangé avec Mark autour de ce sujet. Sa compréhension dans ce domaine est limitée ! » La polémique n'ira pas plus loin puisque Mark Zuckerberg ne répondra pas. Fin du clash !

Durant ce mois de juillet, Elon Musk affirme également qu'il a reçu l'accord oral des autorités américaines pour concrétiser son projet Hyperloop entre New York et Washington. Il détaille le parcours entre les deux villes séparées par 360 kilomètres, qui passe par Baltimore et Philadelphie. Le voyage durera 29 minutes à une vitesse de 1 000 km/h alors que, dans un train traditionnel, il dure trois heures. Dans un autre tweet, il prévoit aussi la construction d'une ligne Hyperloop au Texas et confirme la construction de celle qui reliera San Francisco à Los Angeles. Cette série d'annonces spectaculaires est forcément reprise par de nombreux médias dont certains émettent des doutes sur leur validité. C'est le cas de Nathan Bomey d'*USA Today*. Ce journaliste a enquêté auprès des services gouvernementaux en charge des transports et donc des autorisations en la matière, et il n'a rencontré personne qui puisse lui confirmer cette autorisation orale mise en avant par Elon Musk.

C'est encore sur Twitter qui rythme décidément sa vie quotidienne tant sur le plan professionnel que personnel qu'Elon Musk annonce au mois d'août qu'il vient de se séparer de sa compagne Amber Heard. Il confirme l'information lors d'une longue entrevue au magazine *Rolling Stone* dont il fait la une avec cette légende : « Elon Musk, l'architecte du futur ». Il livre sans aucun filtre les sentiments qu'il éprouve après cette rupture : « J'étais vraiment amoureux, et ça fait vraiment mal. Je crois que c'est plus elle qui a rompu que moi. Je souffre beaucoup depuis plusieurs semaines et je fais tout ce que je peux pour ne pas être le gars le plus déprimé de la planète. J'avoue que le jour où elle est partie, j'ai eu des pensées morbides pendant des heures et des heures. Heureusement, je me suis ressaisi. J'ai bu quelques canettes de Red Bull et j'ai rencontré des gens positifs qui m'ont tous dit : “Elon, il y a beaucoup de gens qui comptent sur toi alors remue-toi.” C'est ce que j'ai fait ! »

Chez Elon musk, la mélancolie ne dure que le temps d'une chanson triste à la radio. Très vite son naturel de fonceur hyperactif reprend toujours le dessus sur les peines de cœur comme pour les explosions de fusées. Visiblement remis de sa mélancolie amoureuse, Elon

Musk décide à la surprise générale de diffuser une vidéo de deux minutes accompagnée d'un titre évocateur : « Comment ne pas faire atterrir un lanceur de fusées. » Il s'agit d'une compilation des crashs des engins de SpaceX entre 2013 et janvier 2017, que ce soit sur Terre ou dans la mer, sur fond de musique militaire. Elon Musk apparaît à plusieurs reprises sur certains lieux d'explosion pour constater les dégâts. La vidéo se termine toutefois très bien, avec le retour d'une fusée Falcon qui se pose à la verticale sur une barge en pleine mer. Le clip humoristique et spectaculaire devient viral. Il illustre une nouvelle fois le goût d'Elon Musk pour casser les codes de la communication en n'hésitant pas à montrer au monde entier ses faiblesses et ses ratés !

Quelques jours après cette diffusion, il participe comme chaque année à la fin du mois de septembre au traditionnel congrès astronautique international organisé en 2017 dans la ville d'Adélaïde, en Australie. Comme lors de l'édition précédente au Mexique, il confirme que ses équipes travaillent sur la conception de sa célèbre « Putain de grosse fusée » (Big Fucking Rocket) et il donne même une échéance de neuf mois pour le début de sa construction. Objectif : l'envoyer vers Mars à l'horizon 2022. Il n'exclut pas d'utiliser également ce cargo interstellaire pour se déplacer en différents points de la Terre, ce qu'il explique aux 4 000 spectateurs présents avec son langage imagé et ses formules chocs : « Une fois sorti de l'atmosphère, ça roulera tout seul sans turbulences, sans trou d'air, rien ! Il n'y a aucune contrainte météo et on peut gagner des destinations longues en moins de 30 minutes. Si on construit ce truc pour aller sur Mars ou sur la Lune, pourquoi ne pas aller aussi sur notre planète ? Vous pourrez faire Bangkok-Dubaï en 27 minutes chrono et en 3 minutes de plus, Tokyo-New Delhi ! »

Juste après le congrès, Elon Musk rentre en Floride pour assister, le 11 octobre, à la troisième réutilisation réussie d'un booster Falcon avec la mise en orbite d'un satellite qui permet d'accélérer la distribution des chaînes HD et UHD sur l'ensemble du territoire des États-Unis.

Le 30 novembre, nouveau vol réussi avec la mise en orbite d'un satellite coréen capable de fournir des services de communication depuis l'Afrique de l'Est et l'Asie centrale vers le sud de l'Inde, les Philippines, la Corée et le Japon. Loin de se reposer sur ses lauriers, Elon Musk annonce le 1er décembre 2017 que sa batterie géante de 100 MW a été mise en service avec deux mois d'avance à Hornsdale, en Australie. Ce système unique composé de 788 Powerpack, associé à un parc éolien exploité par la société française Neoen, permet d'alimenter plus de 30 000 foyers en électricité en cas de difficulté dans une région devant faire face aux aléas climatiques qui perturbent souvent l'alimentation électrique. Les pannes sont fréquentes et la batterie géante est une arme efficace pour les contourner. Il est intéressant, là encore, de remonter un peu le temps pour comprendre comment cette opération d'envergure a eu lieu.

Au mois de mars 2017, plusieurs chefs d'entreprise de cette région d'Australie méridionale ont lancé un cri d'alarme à cause de pannes d'alimentation incessantes. Informé de cette situation, Elon Musk déclarait sur Twitter être le seul capable de fabriquer une batterie géante dans un délai record : « Je prends le pari d'aider cette région en construisant ma batterie en 100 jours ! » « Vous êtes sérieux avec ce pari ? » avait immédiatement répondu Mike Cannon-Brookes, cofondateur d'une société produisant des logiciels en Australie. Elon Musk persiste et signe quelques minutes plus tard sur son réseau social : « Si je ne tiens pas ce délai de 100 jours, je m'engage à fournir gratuitement tout le système ! C'est assez sérieux pour vous ? » La suite des événements plaide bien sûr en faveur d'Elon Musk qui réussit, avec ses équipes, à tout installer comme il l'avait prévu, et avec quelques jours d'avance. « Je n'ai jamais été aussi heureux de perdre un pari », commentera Mike Cannon-Brookes. Elon Musk n'en rajoute pas, préférant remercier ses équipes sur le terrain pour leur efficacité, et il en profite pour annoncer que plusieurs projets de batteries similaires vont voir le jour dans le monde entier dans les prochains mois.

Heureux de cet épilogue, Elon Musk, infatigable voyageur, retrouve les bureaux de SpaceX. En cette année 2017, la société ne connaît que des succès éclatants avec une longue série de dix-huit lancements. Les deux derniers ont lieu au mois de décembre. S'ils réussissent, ce dont ne doute pas une seconde Elon Musk, SpaceX deviendra la championne incontestée des lancements puisque sa concurrente directe, Arianespace, ne présente qu'un bilan de onze tirs. Celui du 15 décembre représente à lui seul un incroyable défi technologique. Elon Musk et ses équipes se servent dans une même mission d'une fusée Falcon 9 et d'une capsule Dragon, toutes les deux déjà utilisées et recyclées. La chaîne de télévision de la Nasa retransmet en direct la mise en orbite de la capsule qui doit ravitailler la Station spatiale internationale. Dix minutes après le lancement, Dragon peut s'accrocher à l'ISS et la Falcon commence ensuite sa descente vers la Terre. Elle se pose une nouvelle fois tout en douceur au milieu de la cible, sous les acclamations des salariés de SpaceX qui savent que leur société vient de frapper un grand coup par rapport à la concurrence qui est encore loin de pouvoir mettre en œuvre la réutilisation.

La dernière mission de l'année 2017 est prévue le 23 décembre, depuis la base de Vandenberg, en Californie, au coucher de soleil. L'objectif est de mettre en orbite 10 satellites pour le compte de la société Iridium qui ambitionne de créer une constellation de

66 satellites de janvier 2017 à janvier 2019, pour un investissement total de 3 milliards dollars. Ce lancement se déroule encore et toujours sans aucun problème technique. La mise en orbite est parfaite, tout comme la récupération du lanceur. On pourrait presque évoquer le mot « routine », même si ce vol restera dans l'histoire. Lors du décollage, en raison des lumières du coucher du soleil et des vapeurs de kérosène s'échappant de la fusée en un immense halo blanchâtre, de nombreux habitants de la zone qui n'étaient pas informés de ce vol croient observer un ovni ! Il est vrai que depuis le sol, la fusée Falcon ressemble une méduse qui traverse le ciel à une vitesse impressionnante. Là encore, les réseaux sociaux provoquent un affolement général teinté d'humour, auquel participe largement Elon Musk.

D'abord, de nombreux témoins oculaires qui assistent à cette scène mettent en ligne des vidéos de ce mystérieux objet volant avec des légendes qui laissent entendre la visite d'extraterrestres. La photo de cette « méduse » est partagée dans le monde entier. Elon Musk ne veut surtout pas rester en retrait et il publie à son tour une vidéo de fusée avec cette légende : « Ovni nucléaire en provenance de la Corée du Nord. » Peu après, comme le raconte le journal *Le Parisien*, le compte Twitter de la série TV de science-fiction *X Files* répond directement au patron de SpaceX en indiquant que ses meilleurs agents, Scully et Mulder, sont sur le coup ! En quelques minutes, c'est un feu d'artifice de réactions et de prises de position. Un compte Twitter parodique publiquement opposé au président Donald Trump publie : « Oui, les extraterrestres sont là mais ils repartent tout de suite car il n'y a pas plus de vie intelligente qui dirige ce pays. »

Cette fois, et c'est assez rare pour être souligné, Elon Musk décide de partir en famille au Chili pour les fêtes de fin d'année. Il passe d'abord quelques jours sur place avec son frère Kimbal qui est du voyage, tout comme Amber Heard. Oui ! Son ex-compagne semble ne plus vraiment être une ex quand on regarde la photo prise autour d'une table du restaurant El Taringa. Quelques jours plus tard, Elon et Amber publient des clichés de Rio de Janeiro sur leurs comptes Instagram pour le plus grand bonheur des magazines people qui tiennent enfin leur belle histoire d'amour pour bien terminer l'année !

2018 commence par une idée folle dont seul Elon Musk a le secret : « Et si j'envoyais ma Tesla dans l'espace pour voir ce que ça fait ? » Derrière ce qui peut ressembler à un caprice de milliardaire se cache en fait une incroyable opération de communication comme personne n'en avait encore imaginé. Comme toujours chez Musk, elle s'inscrit dans une stratégie d'ensemble qui vise le long terme mais qui doit aussi récolter des fruits aussi vite que possible. Depuis plusieurs semaines, il explique qu'il va lancer le véhicule avec un scénario bien précis : il veut qu'un mannequin en combinaison spatiale soit assis au volant de la voiture décapotée. Son bras doit être nonchalamment appuyé avec un coude sur la portière dont la vitre est baissée. Il faut ajouter à cette mise en scène l'autoradio qui passe en boucle une chanson de David Bowie. Ce tube du chanteur anglais, composé en 1969, fait partie des morceaux de musique préférés d'Elon Musk. Il voue d'ailleurs une véritable admiration à l'artiste décédé en 2016, au point de donner à son mannequin en scaphandre le nom de Starman, soit le titre d'une chanson composée par David Bowie en 1972 !

La perspective de voir flotter une Tesla rouge vif dans l'espace est commentée dans le monde entier mais ce n'est pas suffisant pour Elon Musk qui veut repousser encore et encore les limites du possible. Il désire que cette mise en orbite totalement inédite soit assurée par son célèbre Big Fucking Rocket, dont il évoque la construction depuis plusieurs années mais qu'il sait fin prêt pour ce grand moment. Il lui a tout de même donné un nom plus « correct » : Falcon Heavy (le faucon lourd). Lourd, et même super lourd ! Cette fusée mesure 75 mètres de haut pour une largeur de 11 mètres et une masse de 1 421 tonnes. Disposant de 27 moteurs Merlin à la puissance phénoménale, c'est la fusée la plus puissante sur Terre. Comme Falcon 9, elle est constituée d'un étage central et de deux propulseurs d'appoint. Après avoir annoncé en guise de hors-d'œuvre la mise en orbite de sa voiture personnelle, l'entrepreneur ajoute que ses deux propulseurs seront récupérés une fois leur boulot accompli en se posant dans la même seconde, à quelques mètres d'intervalles. Tous les ingrédients sont réunis pour faire de ce lancement un véritable événement mondial suivi par des millions de téléspectateurs et internautes comme s'ils regardaient un film de science-fiction tout droit sorti des studios hollywoodiens.

Le 6 février, c'est le grand jour. La décapotable rouge est installée sous la coiffe de la fusée. Elon Musk a ajouté sur le tableau de bord un message : « *Don't Panic.* » Là encore, il s'agit d'une référence directement liée à ses goûts personnels en matière de lecture puisque cette formule est celle qui revient souvent dans *Le Guide du voyageur intergalactique* de Douglas Adams (2005), qui fait partie des livres de chevet du patron de SpaceX. Enfin, Elon Musk a fait inscrire ce message sur la carte mère de son ordinateur de bord : « *Made on Earth by humans* » (« Fabriquée sur la Terre par des humains »).

15 h 45, heure locale, la communication cède la place à l'action pure et à l'adrénaline. La fusée blanche s'élève à la verticale dans un gigantesque nuage de fumée et un vacarme assourdissant. Il suffit de regarder la vidéo de ce lancement pour se rendre compte de l'excitation générale. Durant toute la mission, on entend des cris de joie et des

applaudissements. Cela devient du délire quand la voiture commence à flotter dans l'espace avec le bleu de la Terre en arrière-fond. Sur certaines images, on voit même des spectateurs pleurer lorsque la voix et la musique de David Bowie commencent à résonner dans le vide sidéral. Mais après cette étape déjà incroyable, le meilleur reste à venir avec la pose simultanée des deux boosters. Elon Musk lui-même semble complètement bluffé par ce qui se passe. Il sort en courant de la salle de contrôle avec une partie de son staff pour assister à l'extérieur à ce que personne n'a jamais réussi avant lui. On le voit slalomer avec son tee-shirt noir au milieu des salariés qui filment ce moment historique avec leurs portables tournés vers le ciel. « Regarde ! Elon, regarde ! » lui crie un ingénieur qui l'accompagne en montrant les deux boosters qui descendent. Elon Musk protège ses yeux de sa main gauche pour ne pas être ébloui et ne rien manquer de la scène. Comme abasourdi par ce qu'il voit, il pose ses deux mains sur sa tête. La bouche ouverte, dans un immense sourire, il lance dès que les deux fusées se sont posées : « C'est complètement irréel ! »

Pendant que sa Tesla prend la direction de la planète Mars, Elon Musk est rappelé à la triste réalité du quotidien avec une affaire qui fait grand bruit aux États-Unis. Le 23 mars 2018, un conducteur qui a activé le système de pilotage automatique de sa Tesla Model X est victime d'un terrible accident. Il percute à grande vitesse un séparateur de voie sur un échangeur d'autoroute de Moutain View, en Californie. Walter Huang, un ingénieur de 38 ans, est tué sur le coup. Un mois plus tard, la famille de la victime fait savoir par ses avocats qu'elle porte plainte en estimant que le système Autopilot n'a pas joué son rôle alors qu'il aurait dû faire ralentir la voiture à l'approche des glissières de sécurité et freiner devant un danger immédiat. Le journal *Les Échos* cite Doris Cheng, l'avocate de la famille : « Par cette plainte nous voulons nous assurer que la technologie derrière les voitures semi-autonomes est sûre avant qu'elle ne soit déployée sur les routes et que ses risques ne soient pas cachés ou mal présentés au grand public. »

Quelques jours plus tard, le service juridique de Tesla publie un communiqué : « Il apparaît que le conducteur n'avait pas la main sur le volant durant les six secondes qui ont précédé la collision. Il avait reçu plusieurs signaux sonores et visuels pour l'alerter du danger. Enfin il disposait d'environ 5 secondes et 150 mètres devant lui avec une visibilité claire sur l'obstacle à venir mais aucune décision n'a été prise. » Elon Musk, tout en rendant hommage à la victime, écrit dans son blog que malgré les propos tenus sur cet accident, le pilote automatique rend sans équivoque le monde plus sûr pour les occupants des véhicules, les piétons et les cyclistes. Il précise aussi : « Tesla travaillera en étroite collaboration avec les enquêteurs du National Transportation Safety Board pour aider à comprendre les conditions qui ont causé ce terrible accident. »

Alors qu'un procès au long cours semble inévitable, Elon Musk reprend le cours de sa vie et de ses projets. Au début de l'année, il avait annoncé sur Twitter que s'il parvenait à vendre 50 000 casquettes à l'effigie de sa nouvelle société The Boring Company en trois mois, il se lancerait dans la production de lance-flammes. Cette annonce avait à l'époque fait sourire les internautes. Pourtant, Elon Musk était sérieux. La preuve : il diffuse les photos d'un prototype sur le site internet de la société dont la mission sera de creuser des tunnels. Il avance également le prix de 500 dollars pour les pré-commandes ! Au total, il prévoit d'en écouler 20 000 unités et de gagner ainsi près de 10 millions de dollars ! Il n'hésite pas à se mettre en scène dans les locaux de la Boring Company, actionnant lui-même ce lance-flammes qui ressemble à une torche géante. Elon Musk ne franchit aucune barrière légale puisque le lance-flammes, aussi surprenant que cela puisse paraître, n'est pas considéré comme une arme aux États-Unis et qu'il est même autorisé dans 48 États sur 50 !

Le 7 mai 2018, ce n'est pas avec un lance-flammes qu'Elon Musk se présente devant les portes du Metropolitan Museum of Art de New York, mais aux bras de la chanteuse Grimes, pour participer à un gala de charité. Veste de smoking blanche et pantalon noir pour lui, tutu blanc et corset noir pour elle, le couple officialise sa liaison. Grimes, de son vrai nom Claire Boucher, est née à Vancouver au Canada le 17 mars 1988. Auteure, compositrice, interprète et productrice, elle évolue dans la musique électronique depuis plusieurs années, Elon Musk explique l'avoir découverte dans le clip *Venus* où elle chante avec Janelle Monae. Quant à leur rencontre, il semble qu'elle ait lieu grâce à deux blagues publiées sur les réseaux sociaux. La première aurait pour origine un personnage imaginé par la chanteuse, Rococo Basilisk, qui critiquait l'intelligence artificielle. Quant à la deuxième, qui a définitivement scellé leur union, elle vient d'une photo publiée un mois avant leur rencontre par Elon Musk. On y voit une comète et Elon Musk ajoute la légende : « Ça fait beaucoup de cocaïne. » Grimes lui répond sur Twitter « Ouais, la plupart des gens ne le savent pas mais les comètes sont en partie faites de cocaïne. » Lors de leur première apparition à New York, il faut noter que Grimes porte un magnifique collier en argent en forme du T de Tesla ! Qui a bien pu le lui offrir ? Mystère.

Le 30 juin, deux jours après son anniversaire, Elon Musk assiste au mariage de son frère Kimball. Il a choisi le village de Sant Marti d'Empuries, en Catalogne, connu pour ses ruines gréco-romaines. La presse espagnole titre sur ce « mariage du siècle » auquel participe une impressionnante liste de personnalités, de Will Smith à Beyoncé en passant par la famille de Barack Obama, Salma Hayek… au total, 300 invités triés sur le volet et protégés par un impressionnant service d'ordre qui quadrille la zone historique du village. Elon Musk ne pouvait bien sûr pas rater ce rendez-vous familial mais il n'en profite pas vraiment puisqu'à peine arrivé avec son jet en fin de matinée, il repart en Californie, au milieu de l'après-midi, pour une réunion technique capitale en vue de la commercialisation du Model 3 de Tesla.

Malgré cette vie à deux qui semble à nouveau s'amorcer et les lancements toujours réussis de ses fusées, Elon Musk semble pourtant traverser une période difficile avec un premier point d'orgue au cœur de l'été. Le 7 août 2018, il envoie à ses 22 millions d'abonnés sur Twitter un message qui fait l'effet d'une bombe : « J'envisage de retirer Tesla de la cote au prix de 420 dollars. Le financement est assuré. » Cette annonce intervient en pleine séance de la Bourse à Wall Street et elle a fait bondir l'action Tesla de 11 %. Personne ne comprend vraiment ce qui se passe ni ce qui pousse Elon Musk à adopter une telle stratégie. Certains connaisseurs de son humour particulier voient dans ce tweet une référence directe au cannabis ! En effet, le montant mentionné dans son tweet, soit 420, peut aussi être une date qui correspond à la fête internationale de la marihuana, le 20 avril. En Amérique du Nord, l'expression « *Four/Twenty* » est entrée dans le langage populaire pour indiquer le meilleur moment de la journée pour fumer un joint (16 h 20). Humour ou pas, la SEC (Securities and Exchange Commission) qui veille au bon déroulement des opérations boursières à Wall Street s'empare du dossier et ouvre une enquête officielle quelques heures après la publication de ce tweet.

Quant à Elon Musk, il grimpe dans son avion privé et prend la direction du Nevada. Il doit rencontrer des techniciens qui travaillent sur une chaîne de montage de la GigaFactory avant de repartir pour San Francisco où il participera à des réunions avec des responsables de la firme. Une semaine plus tard, quatre journalistes du *New York Times* lui rendent visite pour un entretien d'une heure. Il leur confie presque tout de suite qu'il connaît des mois difficiles tant son investissement dans le travail est total : « J'avoue que mon état physique n'est pas génial et que certains de mes amis s'inquiètent vraiment. » Dans l'interview, il confirme qu'il dispose d'un financement garanti pour privatiser Tesla à 420 dollars l'action et que cette transaction serait susceptible de générer bien plus de 10 milliards de dollars.

Quant à ce fameux tweet du 7 août, qui a affolé la Bourse de New York, mais pas seulement, il en donne la chronologie : « Je me suis réveillé avec ma petite amie qui est musicienne. Ensuite, je me suis entraîné dans ma salle de sport tôt le matin. Je suis monté dans ma Tesla et je suis parti à l'aéroport. Une fois arrivé, j'ai écrit ce message. Pour moi, c'était simplement une tentative de transparence. » Les journalistes évoquent évidemment cette rumeur qui associe le montant de 420 dollars au « code » des fumeurs de joints. Il y apporte un démenti clair :

— Ce chiffre me semblait avoir un meilleur karma que 419 dollars. Je ne pensais pas à de l'herbe, pour être clair. Elle n'est pas utile pour la productivité. Si vous fumez, vous restez assis comme une pierre sur le sol !

— Vous vous rendez compte que ce tweet a déclenché des réactions en chaîne ! soulignent les journalistes.

— Sans doute, mais je ne me souviens pas avoir reçu la moindre communication d'un des membres du conseil d'administration, et encore moins de personnes qui étaient en colère !

Elon Musk détaille ensuite son rythme de travail infernal : « Je n'ai pas pris plus d'une semaine de vacances depuis 2001, et encore, j'étais cloué au lit à cause d'une crise de paludisme. Je bosse 120 heures par semaine. Il y a eu des moments où je n'ai pas quitté l'usine pendant trois ou quatre jours. Je reconnais que tout cela se fait au détriment de mes enfants et de mes amis. » Les journalistes racontent qu'à cet instant précis, aussitôt cette phrase prononcée, il semble submergé par l'émotion, avant de poursuivre en essayant de retenir ses larmes :

« J'ai eu 47 ans le 28 juin et j'ai passé les vingt-quatre heures de mon anniversaire au travail. Seul. Sans amis. Rien. » Elon Musk conclut l'entretien par une dernière confidence : « Pour m'aider à dormir je prends souvent des cachets Ambien. Si je ne prends pas ce somnifère, alors je ne dors pas. Je n'ai pas le choix. »

Dans l'article publié dans le *New York Times*, les journalistes écrivent avoir rencontré une personne qu'ils devinaient « vulnérable » et qui alternait entre « rires et larmes ». Les réactions ne se font pas attendre à la lecture de cet article repris par tous les médias américains. Les rumeurs les plus folles commencent à circuler sur un rendez-vous secret qu'Elon Musk aurait eu dans le courant du mois de juillet avec des investisseurs d'Arabie saoudite qui souhaiteraient prendre le contrôle de Tesla. Certains analystes évoquent la piste d'une nouvelle société qui engloberait Tesla et SpaceX. Jamais sans doute, dans l'histoire des réseaux sociaux, un simple tweet n'a créé une telle onde de choc. Enfin, l'hypothèse d'un remplacement pur et simple d'Elon Musk est également avancée par certains observateurs de la vie économique américaine. Le nom de Sheryl Sandberg, directrice des opérations de Facebook, est cité régulièrement sans que cette dernière ne commente publiquement l'information.

Une chose est sûre, l'état-major de Tesla est en effervescence. Le responsable de la comptabilité démissionne, tout comme la directrice des ressources humaines. Jérôme Guillen, un Français présent dans la société depuis 2010 au poste de directeur des programmes de construction de différents modèles, prend du galon en devenant président des activités automobiles. Pour éviter de créer un vent de panique susceptible de déstabiliser l'équilibre boursier de Tesla, la direction publie à son tour un communiqué : « Nous tenons à préciser que l'engagement et le dévouement d'Elon envers Tesla sont évidents. Au cours des quinze dernières années, la direction de l'équipe Tesla par Elon a permis à Tesla de passer d'une petite start-up à des centaines de milliers de voitures que les clients adorent, employant des dizaines de milliers de personnes dans le monde et créant une importante valeur actionnariale dans ce processus. »

Comme pour confirmer la solidarité sans faille qui est de mise dans l'équipe dirigeante, Elon Musk ajoute lui aussi dans un communiqué, en ce mois d'août 2018 décidément très mouvementé, qu'il n'a pas du tout l'intention de renoncer à son double rôle de président et de directeur général. Il conclut avec ironie par cette question : « Si vous connaissez quelqu'un qui peut faire meilleur travail que moi, faites-le-moi savoir. Je lui donne un job. Mais je pose à nouveau la question : y a-t-il quelqu'un qui peut mieux faire ce travail ? » Dans ce contexte délicat, l'action Tesla est malmenée, perdant jusqu'à 30 % au gré des cotations de Wall Street.

Les actionnaires de Tesla, déjà pour le moins en alerte, ne sont pas au bout de leurs surprises quand ils découvrent le 7 septembre 2018 l'interview télévisée totalement lunaire qu'Elon Musk accorde à Joe Rogan. Ce spécialiste des arts martiaux a présenté l'émission *Fear Factor* pendant de longues années avant de se reconvertir en commentateur de combats d'*ultimate fighting*. Il se lance ensuite dans le stand-up et le podcast sur Internet en parallèle, en créant son émission, *The Joe Rogan Experience*, que suivent désormais plus de 11 millions de fidèles chaque semaine. Cette personnalité controversée aux penchants complotistes qui aime se présenter comme « un vrai con » est pourtant devenue quasiment incontournable.

Ce 7 septembre 2018, Elon Musk succède à l'ancien boxeur Mike Tyson, invité la semaine précédente. L'interview va durer 2 heures et 37 minutes, sans la moindre interruption publicitaire. Joe Rogan porte une chemise rose qui laisse deviner sa musculature impressionnante et Elon Musk a choisi un tee-shirt noir classique. Le face-à-face se déroule dans une ambiance détendue et Elon Musk revient sur toutes ses inventions, ses projets, ses échecs et ses rêves de conquête spatiale. Joe Rogan ne l'interroge pas sur sa vie amoureuse, préférant qu'il développe ce qui le pousse à innover encore et toujours. Puis après 2 heures 10 de dialogue, Joe Rogan demande à Elon Musk d'ouvrir la boîte noire en bois ornée de métal qui est posée juste devant lui à côté de nombreux objets hétéroclites : bouteilles d'eau, seau à champagne, cafetière… Elon Musk s'exécute. Joe Rogan tend le bras et, de sa main droite, saisit un joint qui se trouve à l'intérieur. Il le porte à sa bouche, et allume un briquet :

— C'est vraiment un joint ou c'est un cigare ? demande Elon Musk, visiblement surpris.

— Non c'est de la marijuana mélangée à du tabac, lui répond tranquillement Joe Rogan qui aspire une longue bouffée.

La fumée flotte au-dessus de la grande table en bois clair qui sépare les deux hommes, casques vissés sur la tête. « Oui, j'ai essayé une fois, il y a longtemps, ajoute Elon Musk en riant avant d'ajouter, interrogatif : Mais c'est bien légal ? » Joe Rogan le rassure : « Oui, c'est OK ! » Et Elon Musk, après avoir passé son nez au-dessus du joint, décide à son tour de fumer. Une seule bouffée sans vraiment avaler suffit à Elon Musk qui rend le joint au présentateur. Joe Rogan le tend à son tour à son assistant sans en fumer davantage et offre quelques secondes plus tard un verre de whisky à son invité. Elon Musk fait tourner le liquide dans le verre et le pose sagement à côté de lui sans en boire une goutte. La fin de l'interview devient quasiment métaphysique et Elon Musk fait une véritable déclaration d'amour à l'humanité :

— *Yeah, I love humanity. It's great* !

— Un dernier mot Elon ? lance Joe Rogan à son invité en lui proposant de trinquer juste après.

Elon Musk réfléchit une seconde avant de répondre : « Je crois que les gens devraient être plus gentils les uns envers les autres et qu'ils se donnent mutuellement plus de crédit. Il ne faut pas supposer qu'ils sont méchants jusqu'à ce qu'ils soient vraiment méchants. Il est trop facile de diaboliser les gens mais en général on se trompe. Les gens sont toujours plus gentils que ce que l'on pensait. Oui, il faut faire confiance aux gens ! »

La musique du générique de fin s'enclenche et les soucis d'Elon Musk commencent juste après cette prestation. Le site spécialisé dans la finance TheStreet.com tire à boulets rouges sur l'homme d'affaires : « Cette interview soulève des questions supplémentaires sur le discernement d'Elon Musk ! » Quant au podcast de Joe Rogan, il a été, à ce jour, visionné 54 millions de fois depuis sa première mise en ligne le 7 septembre 2018 !

Mais si le débat médiatique déchaîne les passions, c'est surtout l'échéance judiciaire qui inquiète en coulisse l'état-major de Tesla. Les enquêteurs de la SEC déposent en effet une plainte pour fraude le 27 septembre 2018. Elle vise directement Elon Musk. L'agence officielle américaine qui supervise les opérations boursières ne laisse planer aucun doute sur ses constatations depuis la publication de ce tweet : « Contrairement à ce qu'affirme Elon Musk, il n'avait pas discuté et encore moins confirmé les termes de la transaction et il ne disposait d'aucune source de financement. Il savait ou a il a été négligent s'il ne le savait pas que chacune de ses affirmations était fausse et/ou trompeuse. » Le lendemain matin, Elon Musk répond à ce communiqué : « Cette plainte contre moi est injustifiée, tout comme cette action de la SEC. Cela m'attriste profondément et me déçoit. J'ai toujours agi dans le meilleur intérêt de la vérité, de la transparence et des investisseurs. L'intégrité est la valeur la plus importante de ma vie et les faits démontreront que je n'ai jamais compromis cela d'aucune manière. »

Mais malgré cette prise de position, Elon Musk sait qu'il est coincé. Il ne peut apporter aucun élément susceptible d'étayer sa version des faits. Il se résout donc à signer un accord à l'amiable avec la SEC qui exige qu'il cède son poste de président du conseil d'administration de Tesla, avec une interdiction de le reprendre durant trois ans. Il doit, en outre, s'acquitter d'une amende de 20 millions de dollars à titre personnel. 20 autres millions sont demandés à Tesla. Le 30 septembre 2018, *Le Monde* cite Stéphanie Avakian, codirectrice à la SEC : « L'ensemble des mesures annoncées ce jour sont faites pour répondre aux actes reprochés en renforçant la gouvernance d'entreprise de Tesla et sa supervision, afin de protéger les investisseurs. » Elon Musk ne perd pas tout. Il reste tout de même membre du conseil d'administration et directeur général de Tesla mais pour la première fois dans sa vie, sa communication est mise sous tutelle ! En clair, le conseil d'administration pourra valider ou non ses tweets s'ils concernent de près ou de loin Tesla, mais il devra systématiquement l'informer sous peine de sanctions judiciaires.

Elon Musk se laisse faire. Il n'a pas le choix. Il n'a surtout pas le temps de trop réfléchir car il prépare un lancement important le 7 octobre avec SpaceX. Cette fois, il s'agit de placer en orbite un satellite argentin mais aussi de récupérer le lanceur, non pas en mer sur une barge comme jusqu'à présent, mais quasiment à l'endroit où il a décollé, sur la terre ferme. Si cette manœuvre à hauts risques réussit, ce sera une grande première dans l'histoire spatiale. Non seulement la mission sera parfaitement menée à son terme, mais en plus, de l'avis de tous les spécialistes, ce vol sera sans doute le plus beau jamais observé depuis la Terre.

Le journaliste du *Figaro* qui raconte la scène semble subjugué par le spectacle : « Le décollage au crépuscule par un temps clair a donné lieu à une image sublime des gaz d'échappement éclairés par le soleil. Ce dernier était complètement caché derrière l'horizon mais pouvait encore éclairer ces volutes situées très haut dans le ciel. Elles se détachent parfaitement sur un ciel déjà noir. Les photographes ont probablement réussi les plus beaux clichés jamais réalisés d'un décollage de fusée. » Cette réussite absolue a-t-elle donné des ailes à Elon Musk, lui faisant soudain oublier son engagement avec la SEC de ne pas publier de tweets « intempestifs » en rapport avec Tesla ? En tous les cas, le 12 octobre, Elon reste Elon ! Imprévisible et totalement hors de contrôle ! Il publie ce jour-là sur son compte la photo d'une bouteille de tequila. L'étiquette est rouge et on peut clairement y lire : « Teslaquila ». Juste au-dessus, on distingue le logo Tesla encadré par deux éclairs. Ce tweet fait sourire les followers du chef d'entreprise qui font le rapprochement avec un autre message du 1er avril 2017 dans lequel, en guise de poisson d'avril, Elon Musk posait, endormi, contre la roue d'une Tesla avec un bout de carton pour couette et cette légende teintée d'humour : « Muskien ». Elon a été retrouvé évanoui, entouré de bouteilles Teslaquila, des traces de larmes sur les joues. Mais cette fois, il ne s'agit pas du tout d'une blague. La bouteille existe vraiment. Elon Musk a signé un contrat dans le plus grand secret avec la marque Nosotros Tequila, basée à Hermosa Beach, en Californie. Les responsables de la marque expliquent alors qu'ils sont en phase de recherche et de développement car Elon Musk souhaite que la vraie bouteille de la marque ait la forme d'un éclair doré !

Carlos Soto, le fondateur de la petite société de spiritueux, prévoit de longs mois d'essais avant de trouver la forme idéale. Il annonce aussi que la tequila sera vieillie dans des fûts de chêne en provenance de France. Fier de ce coup dont tout le monde parle sur les réseaux sociaux, Elon Musk peut se concentrer sur un autre sujet capital pour Tesla : créer un Dog Mode ! Il s'agit d'un système de protection des chiens qui voyagent en voiture. La demande lui a été faite sur Twitter par le propriétaire d'une Tesla le 19 octobre 2018 : « Dans le cas où mon chien devrait rester dans la voiture, pourriez-vous implanter un Dog Mode ? La musique continuerait de jouer et la climatisation fonctionnerait avec un message sur un écran : "Je vais bien, mon maître est bientôt de retour !" » Elon Musk ne fait pas un long discours et se contente d'un simple « Yes ». Le Dog Mode mis au point par les équipes techniques de la marque sera officiellement présenté au grand public en février 2019 !

Après ces deux parenthèses légères et reposantes, Elon Musk s'apprête à frapper un grand coup le 25 octobre. Ce jour-là et à la surprise générale, Tesla annonce son premier bénéfice depuis 2016. Dans la foulée, l'action gagne 10 %. Elon Musk parle d'un résultat « historique » et rappelle à ceux qui l'auraient oublié qu'il avait promis, au début de l'année, que le groupe, même s'il « brûlait beaucoup d'argent », commence à devenir durablement rentable durant le troisième trimestre. L'explication de cette embellie spectaculaire tient dans le succès colossal de la Model 3 qui se hisse à la cinquième place des ventes de voitures aux USA. Tesla affiche un bénéfice de 311 millions de dollars, notamment grâce à la production de 56 065 voitures en un trimestre. Là encore, c'est un record qui fait dire à Elon Musk : « Nous venons de passer d'un enfer de production à un enfer de logistique de livraison ! » Les commandes affluent des quatre coins du pays mais aussi d'Europe et d'Asie. Pour qualifier cette période incroyable, un analyste financier lance sur son compte Twitter : « Aujourd'hui, c'est la rédemption d'Elon Musk. » Effectivement, en cet automne 2018, l'homme rayonne sur les routes et dans le ciel. Il ne lui reste plus qu'à devenir le roi d'un monde souterrain !

Le 3 novembre, il publie une vidéo étonnante sous le logo de sa désormais célèbre Boring Company, dans laquelle on découvre le tunnel anti-bouchons qu'il a creusé sous Los Angeles à hauteur du quartier de Hawthorne. C'est là qu'est implanté le siège de Tesla. L'ouvrage mesure près de 3 kilomètres de long et 4,3 mètres de diamètre. Si l'idée du patron de Tesla est de décongestionner le trafic routier de la ville paralysé à différentes heures de la journée, elle se heurte toutefois à la réticence des habitants du quartier et des associations de protection de l'environnement. Il faut rappeler que la municipalité, soucieuse de régler le plus vite possible les problèmes de bouchons, avait exempté Elon Musk d'un permis de construire et d'une étude d'impact écologique de son projet. Plusieurs associations menacent de saisir la justice et le 28 novembre, face à la pression des opposants qui ne cesse de croître, les responsables de la Boring Company annoncent sur NBC News que le projet du tunnel qui devait passer sous l'autoroute 405 et Sepulveda Boulevard, près de l'aéroport international de LA, est abandonné. Cette fois, pas de polémique. Elon Musk réfléchit à un autre site car pour lui, pas question de lâcher l'affaire. Pas question non plus de se faire oublier par les fonctionnaires de la SEC.

Au mois de décembre, il est invité à participer à une interview dans le cadre de *60 minutes*. Il fait face à Lesley Stahl qui, à 80 ans, est la doyenne des présentatrices TV encore en activité ! L'émission est tournée dans plusieurs lieux et notamment devant une ligne de production de voitures Tesla. C'est dans ce cadre que se déroule l'extrait où Elon Musk joue cartes sur table :

Lesley Stahl : Il y a de nombreuses personnes qui disent que cette compagnie ne peut pas survivre SANS vous !
Elon Musk : Oh non, je ne pense pas que cela soit vrai.

Lesley Stahl : Il y a de nombreuses personnes qui disent que cette compagnie ne peut pas survivre AVEC vous !
Elon Musk *(Il* éclate de rire) : C'est hilarant !
Lesley Stahl : En fait, ils disent cela à cause de votre comportement durant l'été où vous avez fait des choses qui semblaient impulsives ! On n'attend pas forcément ça d'un PDG de votre envergure.
Elon Musk : Oui c'est vrai, je suis impulsif, je l'avoue et franchement, je ne veux absolument pas adhérer à telle ou telle image d'un modèle de PDG.
Lesley Stahl : Que pouvez-vous dire du Pot ? *(Référence* à la boîte qui contenait un joint sur lequel Elon Musk a tiré une bouffée lors de l'émission de Joe Rogan.*)*
Elon Musk : Certains pourraient se dire que je fume de l'herbe mais il n'en est rien. Franchement, ça ne m'intéresse absolument pas.
Lesley Stahl : Comment pourriez-vous qualifier votre comportement durant l'été ? Erratique ? Instable ? Téméraire ? Lyrique ?
Elon Musk : Lyrique ? Ah, c'est pas mal en fait. J'aime beaucoup celui-là. En fait, je suis tout simplement moi. Après, c'est vrai que je me trouvais certainement dans un état de stress insensé avec des heures folles, folles ! Mais tout le système échouerait si j'étais erratique.
Lesley Stahl : Vous tweetez beaucoup !
Elon Musk : Oui, pour m'exprimer. *(Il éclate de rire.)*

LESLEY STAHL : Oui ! Oh mon Dieu. *(Elle rit aussi.)*

ELON MUSK : Certaines personnes utilisent leurs cheveux, moi j'utilise Tweeter !

LESLEY STAHL : Votre tweet vous permet-il de vous venger des critiques ?

ELON MUSK : Rarement.

LESLEY STAHL : On a quand même le sentiment que vous y entretenez une sorte de petite guerre avec la presse.

ELON MUSK : Twitter est une zone de guerre. Quand quelqu'un saute dans ce réseau, c'est genre : « OK tu es dans l'arène alors allons-y ! »

LESLEY STAHL : Vos tweets sont-ils censurés depuis les événements de cet été ?

ELON MUSK : Non.

LESLEY STAHL : Quelqu'un les lit-il avant qu'ils ne soient publiés ?

ELON MUSK : Non ! Mais j'ai quand même envie de dire bonjour, vous êtes au courant du premier amendement qui stipule que la liberté d'expression est fondamentale dans notre pays ?

LESLEY STAHL : Vous comprenez aujourd'hui que la SEC vous a sévèrement sanctionné après votre tweet dans lequel vous envisagiez de privatiser Tesla au mois d'août ?

ELON MUSK : Je veux que les choses soient bien claires. Je n'ai aucun respect pour la SEC. Je ne les respecte pas.

Rien de tel pour clore une année 2018 explosive qu'allumer une dernière mèche de dynamite avant de prendre un peu de repos sous le sapin de Noël en attendant les cadeaux !

Janvier 2019 ne commence pourtant pas par un nouveau duel entre Elon Musk et l'instance de surveillance de la Bourse américaine. Pour cela, il faut attendre le mois de février ! Dans la nuit du 19 au 20 février, le patron de Tesla publie ce message sur Tweeter : « Tesla faisait zéro voiture en 2011 mais va en faire environ 500 000 en 2019. » Dans les secondes qui suivent, les réseaux sociaux s'enflamment comme à chaque fois qu'Elon Musk s'exprime sur sa marque de voitures. Mais, fait totalement inhabituel chez lui, il publie un nouveau tweet quatre heures plus tard, soit au petit matin du 20 février, où il reconnaît s'être trompé : « J'ai fait une erreur. En fait, je voulais dire que le taux de production serait probablement de 500 000 voitures car cette année, en fait, les livraisons seront de 400 000 véhicules. »

Contrairement à son tweet du 7 août dernier, celui-ci n'a aucune incidence sur la valeur boursière de l'action Tesla. La SEC ne peut donc pas intervenir, même si elle constate qu'Elon Musk n'a pas tenu son engagement de ne pas parler de Tesla sur son réseau social. Dans cette affaire, il y a tout de même fort à parier qu'Elon Musk a entendu une petite voix d'un conseiller proche, voire d'un ami lui disant : « Attention Elon, tu es en terrain miné ! »

Le 27 février, c'est encore et toujours sur Twitter qu'Elon Musk publie une série de trois messages mystérieux quasiment dans la même minute :

1/ Jeudi 14 heures.
2/ Californie.
3/ Des nouvelles de Tesla.

Cette énigme occupe largement les réseaux sociaux et tout le monde se demande ce qui pourra bien se passer le lendemain matin. La perspective de la présentation du nouveau Model Y est reprise par de nombreux internautes mais le 28 février, il ne se passe rien ! C'est alors que certains followers assidus d'Elon Musk qui semblent parfaitement comprendre ce qui se passe dans sa tête se souviennent d'un tweet tout aussi énigmatique avec une construction similaire remontant au mois de février. Il avait alors lancé la date du 15 mars 2019. Problème, juste après le tweet, Elon Musk avait rectifié son message en expliquant que cette date correspondait en fait à la mort de l'empereur Jules César mais aussi à celle d'une fête en l'honneur de Mars, le dieu de la guerre chez les Romains. Cette fois, la date semble à nouveau d'actualité et le staff de Tesla confirme que le cinquième modèle de la marque sera officiellement présenté le 15 mars 2019 à Hawthorne. Elon Musk marque tout de même une petite pause dans cette course effrénée au tweet en se concentrant sur une échéance capitale pour SpaceX.

Le 2 mars, il doit envoyer Ripley dans l'espace ! Ripley est un mannequin qui porte le nom du personnage interprété par l'actrice Sigourney Weaver dans la saga de science-fiction cultissime *Alien*. Ce mannequin truffé de capteurs des pieds à la tête fait partie d'une mission programmée dans l'objectif de préparer des vols habités. Il va voyager dans une capsule Dragon, la même que celle qui sera utilisée par des astronautes en chair et en os dans un futur proche si tout se déroule bien.

La fusée Falcon, selon un rituel désormais parfaitement rodé, décolle du Centre spatial Kennedy en emportant la capsule d'environ 5 mètres de haut. Outre Ripley qui est sanglé sur son siège, le Dragon emporte plus de 200 kg de matériel destiné aux occupants de la Station spatiale internationale. L'opération prévoit que la capsule s'arrimera à l'ISS puis se décrochera pour revenir sur terre le 8 mars. Le lancement est une réussite totale et, en attendant le retour de la capsule, Elon Musk se confie sur son état d'esprit lors d'une conférence de presse à cap Canaveral : « Je vous avoue que je suis un peu épuisé psychologiquement. Ce tir était vraiment stressant mais ça a marché. En tout cas jusqu'à maintenant. Nous avons mis dix-sept ans pour parvenir à ce point. C'est vrai, nous n'avons encore lancé aucun humain mais nous le ferons, je l'espère, cette année. »

Le 8 mars à 8 h 45, comme prévu à la seconde près dans le plan de vol, la capsule Dragon redescend sur Terre. Quatre immenses parachutes blanc et rouge ralentissent sa chute dans l'océan Atlantique. L'amerrissage se déroule à 400 kilomètres des côtes de la Floride. Le scénario est en tout point identique à celui du premier vol habité de SpaceX. Une chose est sûre, en attendant une date précise pour cette mission que tout un pays appelle de ses vœux, ce premier vol permet d'améliorer la préparation de la capsule avant un deuxième vol de préparation prévu le 20 avril 2019.

Quelques jours après cette nouvelle performance technologique saluée dans le monde entier, Elon Musk revient à son péché mignon : le tweet ! Il publie une photo montage où il a incrusté son visage sur le corps, torse nu, du comédien Dwayne Johnson, alias The Rock. C'est l'occasion pour les deux hommes d'entretenir un court dialogue teinté d'humour et de second degré par messages interposés sur Twitter :

DWAYNE JOHNSON : Alors comme ça, tu fais du banc de musculation ?
ELON MUSK : Oui, j'avoue, je lève un peu des poids.
DWAYNE JOHNSON : Physiquement, tu es vraiment une bête !
ELON MUSK : Oh arrête, tu vas me faire rougir !
L'ancien catcheur à la musculature impressionnante termine cette conversation par une proposition : Que dirais-tu d'un steak et d'une tequila un de ces jours, mon ami ?
ELON MUSK : Oui avec plaisir, ça sonne bien !

Cette fois, pas de remous à Wall Street et aucune remontrance de la part des fonctionnaires de la SEC !

Le 15 mars, c'est tout de noir vêtu qu'Elon entre sur la scène de la salle de design de Tesla pour présenter le nouveau modèle de la marque. Fidèle à son habitude, il n'a aucune note ni le moindre prompteur. Comme toujours, il donne des indications sur son moral du moment : « Je suis heureux de vous voir en 2019, une année où nous aurons fabriqué presque 1 million de voitures, parce que franchement, pour moi, 2018, c'était comme vieillir de cinq ans en une année ! » La salle qui accueille plusieurs centaines de salariés et une cinquantaine de journalistes du monde entier rit et applaudit à tout rompre. Durant une trentaine de minutes, devant une nuée de caméras, il raconte la genèse de Tesla : « Au début de l'histoire de la compagnie, combien de fois ai-je entendu que développer une voiture électrique était une idée stupide ! » Ensuite, il passe en revue tous les modèles mis au point depuis onze ans les uns après les autres. À chaque modèle cité, un exemplaire roule sur la scène avec son chauffeur. L'ambiance dans la salle s'échauffe avant le moment tant attendu la présentation du Model Y. Il arrive sous les applaudissements et les cris de joie, les phares allumés, avant de se garer. Six personnes descendent de la voiture en bleu métallisé avant qu'Elon Musk n'en fasse le tour, les bras croisés. Il attend quelques secondes, passe devant son frère Kimbal au premier rang, coiffé de son éternel chapeau blanc de cow-boy, puis regarde la salle en disant : « OK, voici le Model Y ! » Un spectateur s'écrie : « Elon, on t'aime ! » Elon Musk, amusé, regarde devant lui et répond avant de clore la présentation : « Moi aussi, je vous aime ! »

Le Model Y est un SUV de sept places qui dispose d'une autonomie maximale de 533 kilomètres pour une vitesse maximale de 241 km/h. Son prix varie de 59 990 euros dans sa version grande autonomie à 66 990 euros dans sa version performance. Elon Musk explique que les livraisons seront effectives en 2020.

La présentation Tesla effectuée dans un climat de sérénité retrouvé, Elon Musk peut enfiler à nouveau sa tenue de patron de SpaceX. Le deuxième test de la capsule Crew Dragon est programmé le 20 avril. C'est un test statique qui vise à étudier les réactions du moteur de la capsule destinée à transporter des astronautes dans quelques mois. Les premiers essais se déroulent sans problème mais lors du test ultime, la capsule explose, laissant échapper une épaisse fumée orangée au-dessus de cap Canaveral. C'est la consternation pour les ingénieurs de SpaceX et de la Nasa. Personne ne comprend ce qui s'est passé, à commencer par Elon Musk. Pour la première fois depuis longtemps, il ne publie aucune réaction ni commentaire sur Twitter. Il va d'ailleurs rester totalement muet sur son réseau social dix jours consécutifs. Il sait que l'enjeu économique est capital, mais aussi que SpaceX s'est positionné depuis longtemps pour être la société américaine qui conduira à nouveau des Américains dans l'espace. Même si les milliards en jeu sont capitaux, Elon Musk en fait surtout une affaire d'honneur.

Cette fois, pas question de créer un *bad buzz* autour de cet incident. Silence radio total de l'état-major de SpaceX et de son numéro 1. La nature ayant horreur du vide, la Nasa se retrouve dans l'obligation de communiquer. Elle le fait sous la forme d'une courte déclaration envoyée à la presse : « Les dates de tests pour le programme commercial avec équipage et partenariat avec SpaceX seront réévaluées au cours des deux prochaines semaines. » Elon Musk réapparaît alors sur son compte Twitter avec un message une nouvelle fois énigmatique : « J'aurais dû le voir venir. » Personne ne comprend de quoi il s'agit mais on apprend peu après qu'il réagit ainsi après la diffusion, sur un site pornographique américain, d'une vidéo montrant un couple qui fait l'amour dans une Tesla roulant pendant que le pilote automatique est aux commandes. Il ajoute à son tweet initial un autre message : « Il s'avère qu'il y a plus de façons d'utiliser un pilote automatique que nous l'imaginions. »

En fait, il faut attendre le 16 mai 2019 pour qu'Elon Musk s'exprime à nouveau sur les projets de SpaceX : « La mission Starlink sera la plus lourde en charge utile jamais mise en orbite dans l'espace : 18,5 tonnes. » Ce tweet intervient huit jours avant le premier acte de l'opération Starlink qui vise à créer une constellation de satellites pour que chaque zone du globe, même la plus reculée, puisse avoir accès à Internet. Elon Musk compte envoyer 12 000 satellites au total, et cela commence le 24 mai depuis la base de cap Canaveral. Une fusée Falcon 9 doit mettre en orbite 60 satellites pesant chacun 227 kg, à 450 kilomètres d'altitude. Il explique que son système Starlink sera vraiment opérationnel lorsque 800 satellites au moins tourneront autour de la planète bleue, soit après plus d'une dizaine de lancements similaires. Il annonce en même temps qu'il a choisi Boca Chica, au Texas, comme base d'essai de son vaisseau Starship, deuxième étage de son lanceur lourd Falcon Heavy. Elon Musk a acheté cette base en 2011, avec l'appui des autorités locales, trop heureuses de saisir cette aubaine financière avec plusieurs centaines d'emplois à la clé, mais aussi pas mal de nuisances sonores pour les retraités qui vivent en majorité dans ce petit coin tranquille du Texas.

Vaisseaux spatiaux, colonisation de Mars, voitures électriques futuristes, tunnels sous les villes, même si les occupations ne manquent pas dans son univers, Elon Musk fait une incursion dans un domaine particulier : les implants cérébraux. Pour cela, il a investi 100 millions de dollars dans la start-up Neurolink qu'il a fondée avec Max Hodak.

16 juillet 2018, il présente un prototype d'une technologie qui doit servir d'interface entre le cerveau et la machine. Il s'agit d'un petit boîtier sans fil qui se connecte directement au cerveau et que l'on place derrière l'oreille. Elon Musk explique que cet appareil peut permettre à des personnes handicapées de contrôler par la pensée leur smartphone ou leur ordinateur. Le magazine *Bloomberg*, qui a envoyé un journaliste à cette conférence organisée à San Francisco, parle d'un « véritable cerveau augmenté ». Elon Musk affirme que des tests concluants ont été opérés sur des rats et des singes mais qu'aucune autorisation d'application à des êtres humains n'est pour le moment d'actualité : « Le processus d'agrément s'annonce long et compliqué mais au bout du compte, si nous recevons tous

les feux verts, nous parviendrons à une symbiose entre le cerveau et l'intelligence artificielle », conclut-il.

Cette conclusion est de courte durée car il est encore question d'intelligence artificielle à Shanghai le 30 août 2019. Il y est invité à débattre avec Jack Ma, grand patron d'Alibaba, « l'Amazon de Chine », dans le cadre de la conférence internationale sur l'intelligence artificielle. Les deux hommes sont assis côte à côte sur de larges fauteuils blancs que sépare une petite table sur laquelle sont posées deux bouteilles d'eau. Jack Ma est clairement favorable au développement rapide et massif de l'IA. Elon Musk y est clairement opposé. Le débat s'annonce donc passionnant entre les deux chefs d'entreprise multimilliardaires quasiment de la même génération, même si Jack Ma (Man Yun de son nom chinois), né en 1964, a sept ans de plus qu'Elon Musk.

Le ton est donné lorsqu'en guise d'introduction, Elon Musk demande à son voisin ce qu'il pense du nom même IA. Jack Ma le regarde et répond tranquillement : « Eh bien Elon, je n'aime pas ce mot, "intelligence artificielle", je préfère "intelligence a.libaba" ! » On entend des rires sonores dans la salle et Elon Musk lui-même ne peut s'empêcher de sourire. Le dialogue devient ensuite beaucoup plus grave quand Elon Musk explique sans détour que l'intelligence artificielle peut être fatale à l'humanité « Au bout d'un certain temps, l'IA que vous appelez de vos vœux rendra les emplois inutiles. Au bout du bout, il restera à l'être humain comme dernier travail d'écrire un logiciel d'intelligence artificielle. Mais ensuite, l'IA finira par écrire toute seule son propre logiciel ! » Jack Ma écoute attentivement son voisin qui continue sa démonstration : « Je suis persuadé que l'homme sera totalement dépassé par les machines. On sait tous qu'un ordinateur est déjà beaucoup plus intelligent qu'un être humain sous bien des aspects. Nous réfléchissons moins vite que les ordinateurs. S'ils prennent le pouvoir sur nos vies, ils nous verront comme des êtres lents et stupides. Communiquer avec nous sera pour eux comme parler avec des arbres ! » Jack Ma secoue la tête négativement en buvant un peu d'eau tout en écoutant Elon Musk avant de répondre à son tour : « Vous oubliez un point important, Elon. Vous avez raison, un ordinateur peut être intelligent, mais un être humain est beaucoup plus malin ! C'est nous qui avons créé les ordinateurs et je n'ai jamais vu un ordinateur créer un être humain ! » La dernière des 48 minutes de cette conversation passionnée et passionnante se teinte d'un certain lyrisme et d'une réelle complicité intellectuelle entre les deux hommes. Jack Ma lance : « C'est merveilleux qu'un être humain puisse faire des erreurs et c'est merveilleux qu'il puisse apprendre de ces erreurs, il est merveilleux de mourir. » Elon Musk, visiblement surpris par cette ultime formule, s'esclaffe avant de conclure : « Il faut se battre pour la lumière des consciences ! »

Après la conférence, Elon Musk reste quelques jours à Shanghai où Tesla a ouvert sa première concession au début du mois d'août. C'est aussi dans la banlieue de Shanghai que se trouve le chantier de la future GigaFactory de la marque. Elle s'étend sur 865 000 m^2 et doit commencer sa production de voitures fin 2019, avec un objectif de 500 000 unités par an à destination du marché chinois. Dès son retour sur le continent américain, au mois de septembre, Elon Musk apprend par le magazine *Forbes* qu'il est devenu la 39e fortune mondiale, avec un patrimoine de 22 milliards de dollars.

Le 28 septembre, pas question pour lui de s'épancher sur son compte en banque car ce jour-là, il présente en grande pompe l'étage supérieur de son vaisseau spatial Starship destiné à coloniser Mars. Sur la base de Boca Chica, il dévoile *Starship MK1* qui mesure 50 mètres de haut. Il confirme devant la presse ce qu'il avait déjà annoncé à diverses reprises : ce vaisseau pourra transporter une centaine de voyageurs intergalactiques à l'horizon 2025. Il annonce un premier test du prototype le 20 novembre. En attendant, il prend la direction de la Floride où doit avoir lieu le deuxième lancement de sa grappe de 60 satellites du projet Starlink. Comme il l'avait annoncé dans un tweet, c'est la charge la plus lourde jamais envoyée par SpaceX, avec 15,6 tonnes.

Si la mission est une réussite totale, tout ne se passe pas comme prévu neuf jours plus tard dans le ciel du Texas : le prototype Starship explose au sol durant une phase de test de pression. Cette explosion décapite littéralement la fusée qui s'envole à 150 mètres du sol avant de retomber. Elon Musk, loin de s'affoler, parle d'un « contretemps qui ne remet pas en cause le programme Starship mais qui oblige les équipes à se focaliser sur une nouvelle version plus performante ». Ce calme apparent trouve sans doute sa source dans l'objet qui attire toute son attention en cette fin d'année : son « pick-up cyberpunk », pour reprendre cette expression qu'il a employée pour la toute première fois le 6 novembre 2019 sur son compte Twitter. Dans son message, il ajoute que sa présentation officielle aura lieu le 21 novembre.

Cette présentation a la particularité de ne pas être organisée dans les locaux de Tesla mais dans ceux de SpaceX. Peu d'informations ont filtré sur ce nouveau concept. Les rumeurs évoquent deux moteurs électriques pour une autonomie maximale de 800 kilomètres. Pour expliquer l'aspect « cyberpunk futuriste », Elon Musk confie qu'il s'est inspiré d'un véhicule utilisé en 1982 dans le film *Blade Runner* de Ridley Scott, avec Harrison Ford.

Porté par les excellents résultats de Tesla qui présente un bénéfice net de 143 millions de dollars dans son bilan financier publié au mois d'octobre, Elon Musk est comme un enfant qui va découvrir un jouet dont il rêve ! Il attend ce moment depuis cinq ans et celui-ci semble être à la hauteur de ses espérances. Pour la présentation, il a prévu un véritable show dans une salle surchauffée sous les lasers et la musique électro. Comme à chaque fois, Elon Musk monte sur scène et attend le lancement sous les applaudissements et les cris enthousiastes. Tout est filmé en direct. Le pick-up est impressionnant avec ses lignes qui forment des angles coupants. « Il ne ressemble à rien d'autre », lance fièrement Elon Musk avant d'appeler sur scène le designer en chef qui a conçu cette voiture, Franz von Holzhausen. Ce dernier tient à la main une boule d'acier. « Vous allez voir, cet engin a une solidité à toute épreuve », lance Elon Musk qui demande à son designer de faire ce qu'il doit faire. « Sûr ? » lance ce dernier. Elon Musk hoche la tête positivement. FVH lance alors la boule sur la vitre du conducteur. Mais contrairement à ce qu'Elon avait imaginé, la boule s'y enfonce et on distingue une étoile de fissures au point d'impact. Un souffle de surprise parcourt l'assemblée qui regarde ensuite le designer répéter l'opération sur la vitre arrière gauche, avec le même résultat. Imperturbable, les mains dans les poches, Elon Musk ne semble pas désarçonné par cet imprévu pour le moins fâcheux. « Nous avons lancé des outils plus lourds les uns que les autres sur les vitres, même un évier de cuisine, et ça ne s'est jamais cassé. Pour une raison un peu bizarre, ça s'est cassé ce soir. Je ne sais pas pourquoi. Pourtant tout à l'heure, Franz a aussi donné deux coups de massue sur la carrosserie et vous pouvez voir qu'il n'y a absolument aucune trace sur le métal. »

Elon Musk continue toutefois sa présentation devant un public acquis à sa cause. Il dresse la fiche technique de ce véhicule de 5,90 mètres de long, 2 mètres de large et 1,9 mètre de haut. « Le coffre est assez grand pour accueillir un quad ! Et ne vous fiez pas à son poids, ce pick-up peut passer de 0 à 96 km/h en 2,9 secondes ! » ajoute Elon Musk avant de préciser les prix des différentes motorisations – 40 000 à 70 000 dollars. Malgré la diffusion à grande échelle de la scène de la boule en métal qui fissure les vitres dans les parodies qui inondent les réseaux sociaux, Elon Musk annonce sur son compte Twitter que Tesla a enregistré 146 000 commandes.

Après cette expérience mémorable, Elon Musk est convoqué devant la barre du tribunal de Los Angeles. Le 4 décembre 2019, il comparaît dans un procès pour diffamation que lui intente un spéléologue anglais. Les faits remontent à 2018. Un groupe d'enfants est prisonnier d'une grotte près d'une plage de Thaïlande. Elon Musk propose d'envoyer un sous-marin mais un des responsables des secours, Vernon Unsworth, estime que cette proposition est un coup de pub car le sous-marin est totalement inadapté à l'opération. Le spéléologue ajoute :

« Et je lui conseille de se le mettre là où ça fait mal ! » Elon Musk répond aussitôt en sous-entendant sur Twitter que le spéléologue est pédophile. Face au tollé que suscite cette réaction, Elon Musk a présenté ses excuses en retirant tous ses tweets. Mais pour Vernon Unsworth, pas question d'en rester là. Il a décidé, coûte que coûte, de porter l'affaire devant un tribunal, demandant 190 millions de dollars de dommages et intérêts pour le préjudice subi.

Après une heure de délibération, le jury acquitte Elon Musk, au plus grand désarroi de son accusateur et de ses conseils qui n'ont pas hésité à parler d'un « tyran milliardaire ruinant la vie d'un homme honnête ».

Après cette affaire juridique, Elon Musk reprend le cours de sa vie et de ses messages sur Twitter qui la rythment quotidiennement, tel un métronome.

12 DÉCEMBRE 2019. Si la vie est un jeu vidéo, les graphismes sont géniaux, mais l'intrigue est confuse et le tutoriel beaucoup trop long.
13 DÉCEMBRE. *Cette fois, c'est une photo divisée en six cases. Sur les trois cases verticales de gauche, on aperçoit le Mandalorian, un des personnages de la saga* Star Wars *et héros d'une série TV du même nom, et sur les trois cases verticales de droite, la même photo de maître Yoda bébé. Le tweet porte d'ailleurs*

ce titre : Baby Yoda. *Sur chacune des cases, Elon Musk a collé des répliques pour créer un dialogue* :
— Ferme les yeux, Bro.
— OK, Bro.
— Qu'est-ce que tu vois, Bro ?
— Rien, Bro.
— C'est ma vie sans toi, Bro.
— Bro...

Ce tweet devient viral et en quelques heures, il dépasse les 800 000 likes. Qu'a vraiment voulu dire Elon Musk ? Mystère... Là encore, une chose est sûre, le réseau social semble suspendu aux messages de l'homme d'affaires et prêt à le suivre dans les multiples directions où il l'emmène au gré de son humeur du jour. On comprend pourquoi Jack Dorsey, le patron du réseau, ne tarit pas d'éloges sur lui, au risque de faire des jaloux. « Elon Musk est la personne la plus passionnante et la plus influente sur Twitter. Il se concentre sur la résolution des problèmes existentiels et il partage sa pensée ouvertement. Je respecte beaucoup cela avec les hauts et les bas qui vont avec. »

Pour finir l'année en beauté, Elon Musk et sa compagne Grimes acceptent de participer au Noël des Kardashian. La fête a lieu le 28 décembre, chez Kourtney, la sœur de Kim, dans le manoir qu'elle possède à Calabasas, en Californie. C'est la première fois qu'Elon Musk est convié à cet événement mondain qui fait la une des journaux people chaque année à la même époque. Kim Kardashian partage une photo qui immortalise l'arrivée de ses invités de prestige. On la voit ainsi au premier plan, dans sa robe serpent ; derrière elle, son mari, le rappeur Kayne West, avec de larges lunettes noires, et tout au fond Elon Musk, qui fixe l'objectif d'un air sérieux, et sa compagne Grimes dont les cheveux orange vif contrastent avec le fond noir du cadre.

Pour le reste, rien ne filtre sur le déroulé de cette soirée à travers les réseaux sociaux. Visiblement, ce qui se passe chez les Kardashian reste chez les Kardashian. Même le compte Twitter d'Elon Musk est aux abonnés absents. Il se réactive le 31 décembre au milieu de l'après-midi, avec le tout dernier tweet de l'année 2019 : « Merci à tous les membres du club Tesla pour leur aide ! Au plaisir de vous y voir demain. »

Que veut-il dire exactement ? Ses 22 millions d'abonnés ont pris l'habitude, depuis longtemps, de ne pas tenter de déchiffrer à tout prix les messages qu'il cache parfois dans ses phrases.

II

Le rêve devient réalité

L'année 2020 commence par le décollage réussi d'une fusée Falcon qui place sur orbite 60 nouveaux satellites le 7 janvier. Elon Musk a d'ailleurs programmé pas moins de 14 opérations similaires jusqu'au mois de décembre pour consolider sa constellation Starlink. Mais il sait qu'une autre échéance capitale se présente à lui : celle de l'envoi d'hommes dans l'espace. Un dernier test d'évacuation de la capsule Dragon Crew doit avoir lieu le 19 janvier. S'il est positif, la Nasa donnera son feu vert pour le lancement prévu en mai prochain. Mais avant de visser sur sa tête la casquette de patron de SpaceX, il ajuste celle de patron de Tesla.

Il décolle avec son jet privé pour la Chine où il doit participer, le 8 janvier 2020, à la cérémonie qui marque la sortie des premières Tesla produites dans la GigaFactory de Shanghai. Il peut être satisfait car l'usine a réussi l'exploit de livrer son tout premier véhicule 357 jours après la pose de la première pierre. Une performance rare dans le monde de l'industrie, saluée par un flot de champagne que verse le maire de Shanghai à Elon Musk dans un verre immense en forme de Y. Comme souvent lors des visites d'affaires en Chine, tout est chronométré et savamment préparé pour éviter l'improvisation. Oui mais voilà, Elon Musk est dans la place et ce que ne savent pas encore les Chinois, c'est qu'avec lui, tout est possible. Lorsqu'il monte sur scène à l'invitation de la présentatrice de la soirée, il est applaudi par les centaines de spectateurs présents dans le grand hall d'exposition sur fond de musique pop. Et là, Elon part en live !

Il commence par tenter d'exécuter un moonwalk à la Michael Jackson en lançant un « *all right* ! » au public, puis il tend son micro à la présentatrice qui se demande ce qui se passe. Elon Musk mime ensuite une danse indéterminée, jouant avec sa veste de costume qu'il finit par enlever avant de la projeter à la manière d'un chippendale sur la scène. Cette fois, c'est le délire dans le public. Au bout de 45 secondes, il salue assez maladroitement les spectateurs en avançant son buste puis reprend son micro. Quand les applaudissements se calment, il rend hommage à tous ceux et celles qui ont rendu ce grand jour possible : « Le challenge était élevé mais vous avez réussi. Je suis vraiment impressionné par la qualité de votre travail. Je suis aussi très heureux d'apprendre à connaître votre pays et votre culture qui me fascinent chaque jour un peu plus. »

Il faut noter que deux mois plus tard, Tesla va écouler plus de 10 000 Model 3 sur le marché chinois, détenant du même coup 30 % du marché national du pays pour les véhicules électriques. Moins d'un mois après cette chorégraphie endiablée, l'action Tesla, qui n'a cessé de grimper depuis le début de l'année, augmente de 15 % le 4 février, atteignant 900 dollars. Les analystes constatent que le titre s'est envolé de plus de 380 %. Ron Baron, milliardaire et grande figure de l'investissement, évoque dans une interview sur la chaîne CNBC la possibilité, bien réelle selon lui, pour Elon Musk de faire bondir le chiffre d'affaires de l'entreprise de plus de 1 000 milliards de dollars dans les dix ans à venir.

C'est donc gonflé à bloc qu'Elon Musk rentre en Floride pour assister, dans la salle de contrôle de SpaceX, au test d'évacuation de la capsule Crew Dragon. Il consiste à éjecter d'urgence le vaisseau juste après le décollage de cap Canaveral. Les boosters de la Falcon 9 doivent simuler une panne et, aussitôt, les huit moteurs de la capsule Crew Dragon, devront prendre le relais pour propulser le vaisseau loin du Falcon à 600 km/h. 1 minute et 24 secondes après le décollage, la séquence d'abandon s'enclenche à 19 000 mètres, alors que la Falcon transperce le ciel à 1 500 km/h. L'opération est une totale et les deux astronautes sont récupérés sains et saufs après leur amerrissage au large du centre spatial Kennedy. Sur son compte Twitter, Elon Musk résume l'opération de ce 19 janvier avec un seul mot : « Parfait ! »

4 mai 2020. Après deux ans de vie commune, Elon Musk et Grimes deviennent parents d'un petit garçon. C'est le sixième enfant d'Elon Musk et le premier de la jeune maman âgée de 32 ans. Quelques heures après l'accouchement, Elon publie ce message sur Twitter : « La maman et le bébé vont bien. » Le lendemain à 8 h 34, il publie une photo sur laquelle il tient le bébé, visiblement en train de crier. Un cliché où on peut lire de la tendresse et beaucoup d'amour dans le regard d'Elon Musk qui porte son tee-shirt noir fétiche avec l'inscription « *Occcupy Mar*s ». Mais là encore, alors qu'on pourrait penser qu'un tel moment n'est pas forcément compatible avec le besoin de surprendre ou de choquer, Elon Musk n'hésite pas à publier une autre photo, à 8 h 59, soit quinze minutes plus tard ! Cette fois, on voit son bébé paisiblement endormi avec son bonnet sur la tête et on aperçoit des inscriptions et des tatouages sur son visage, avec des petits dessins autour de ses yeux. Elon Musk n'a pas pu s'empêcher de

jouer avec un filtre de son appareil photo pour retravailler le cliché qu'il publie donc sur Twitter avec cette légende : « Jamais trop jeune pour un peu d'encre. »

Quant au prénom du petit garçon, il est entouré d'un grand mystère qui laisse pantois les internautes, mais sans doute aussi les familles des heureux parents : X AE A-12. Un prénom qui sonne comme une équation et auquel il faut associer le patronyme Musk, ce qui donne en clair : X AE A-12 Musk.

Heureusement, Grimes donne peu après la signification de ce prénom singulier sur son compte Twitter. Attention, il faut suivre et ne pas hésiter à se munir d'un bloc de papier et d'un stylo pour prendre des notes ! Ce Tweet est tout simplement incroyable :

« X : c'est la variable inconnue.
AE : c'est mon orthographe elfique d'AI (amour en intelligence artificielle).
A-12 : c'est le précurseur du SR17 (notre avion préféré). Il n'a pas d'arme, pas de défense, juste de la vitesse. Il est génial au combat mais non violent.

Enfin la lettre A représente aussi Archange, c'est le titre de ma chanson préférée et le chiffre 12 est le signe astrologique du rat dont 2020 est l'année. »

Reste maintenant aux parents à faire valider ce prénom par les autorités. La réponse de l'administration est claire : « Non ! » Les fonctionnaires de l'état-civil justifient leur refus par une loi qui n'autorise que la présence des 26 lettres de l'alphabet anglais, interdisant formellement les chiffres. Elon Musk et sa compagne prennent acte de cette décision et réfléchissent à un nouveau prénom. Pendant ce temps, les internautes parient sur Joshua, le prénom du grand-père d'Elon ou Noah, le prénom le plus utilisé aux États-Unis en 2020. La réponse tombe peu après. Le garçon s'appellera : X AE A-XII. « Nous avons remplacé le 12 par le même chiffre mais en chiffres romains qui sont des lettres, et c'est beaucoup plus joli finalement », précise la maman le 27 mai lors du choix définitif du prénom de son premier enfant.

30 mai 2020. C'est une date historique pour SpaceX. Elon Musk se prépare à réaliser un rêve d'enfant : envoyer des hommes dans l'espace. L'événement dépasse largement la seule dimension de SpaceX car au-delà, c'est toute une nation qui s'apprête à vivre un moment d'une intensité rare. Depuis 2011, c'est le premier vol orbital qui part du sol américain avec des astronautes de la Nasa à bord. En l'occurrence, l'équipage est un duo composé de Doug Hurley et de Bob Behnken. Ils sont tous les deux des pilotes de chasse aguerris. Douglas Hurley a 53 ans. Il a déjà participé à deux missions de l'ISS en 2009

et 2011 avant de devenir formateur d'astronautes et d'être recruté par SpaceX pour ce vol inaugural. Bob Behnken a 49 ans. Il a lui aussi participé à deux missions de l'ISS, avec en prime une sortie dans l'espace de 36 heures. Les deux hommes sont conscients de l'importance de cette mission hautement symbolique qui doit replacer les États-Unis au firmament de la conquête spatiale. Grâce à SpaceX, la Nasa peut enfin gérer un vol spatial de A à Z, sans faire appel à ses homologues russes comme c'est le cas depuis plus de dix ans.

De nombreux responsables politiques de premier plan – dont le président Trump – se déplacent en Floride. Plus de 150 000 personnes affluent depuis plusieurs jours sur la côte pour vivre en direct cet événement depuis les abords de la base de cap Canaveral. Certaines sont venues en camping-car, d'autres ont planté des tentes pour assister au plus près au décollage. Il était initialement prévu le 27 mai mais il a dû être décalé à cause de mauvaises conditions météorologiques. Comme pour donner encore plus de force au symbole, Elon Musk demande que le lancement soit effectué depuis le pas de tir 39A. C'est de ce lieu mythique que se sont envolées les missions Apollo, notamment celle qui a conduit des astronautes sur la Lune en 1969. Tous les ingrédients sont réunis pour offrir au monde entier un grand spectacle digne d'un film hollywoodien.

Finalement, le samedi 30 mai 2020, le compte à rebours commence à 15 h 22. La Fusée Falcon décolle et s'élève dans un ciel clair et ensoleillé, sous les applaudissements qui se mêlent au vrombissement assourdissant des moteurs Merlin qui donnent toute leur puissance dans un impressionnant nuage de fumée blanche. Dix minutes plus tard, la capsule Dragon se détache et se place en orbite pendant que le premier étage de 70 mètres commence sa descente vers l'océan. Il se pose en douceur à la verticale sur la barge avant que ses moteurs s'éteignent. Le lendemain, la capsule s'arrime comme prévu à la Station spatiale internationale.

Devant les immenses hangars de la base spatiale où des écrans géants ont été installés, c'est le délire. Elon Musk tend les bras vers le ciel en exultant. La photo fait le tour du monde et prouve à ceux qui en doutaient encore qu'il va au bout de ses rêves. Il faut se souvenir qu'il avait déjà parlé de cet instant magique quinze ans auparavant, quand il avait débarqué comme un extraterrestre dans le monde complexe de l'industrie spatiale, déclarant : « Vous verrez, j'enverrai des hommes dans l'espace à moindre coût avec mes propres fusées. » Il avait dû faire face à pas mal de regards condescendants et de doutes sur sa faculté à diriger une entreprise comme SpaceX. Sans parler de revanche, Elon Musk savoure ce moment. « Quand Elon veut, Elon Fait ! » résume en quelques mots un internaute subjugué par ce qu'il a vu.

Une semaine après ce lancement, Elon Musk envoie un courriel aux 6 000 salariés de SpaceX, dans lequel il leur indique que la priorité est le projet Starship : « Nous devons accélérer de façon spectaculaire et immédiate les avancées de cette fusée. Cela doit être notre priorité. » Dans ce contexte de réussite absolue qui intègre l'histoire des États-Unis, on pourrait presque oublier une prise de position étonnante et presque à contre-courant d'Elon Musk. Entre deux décollages de fusée et trois présentations de voitures, il a clairement émis le souhait de vendre tous ses biens matériels. Personne ne l'a vraiment entendu lorsqu'il a fait cette déclaration dans la fameuse émission de Joe Rogan, car tout le monde n'a retenu que les bouffées de joint et le verre de whisky. Mais il a vraiment dit à son interlocuteur : « J'en ai marre qu'on me reproche d'être milliardaire… j'ai le sentiment que les possessions vous tirent vers le bas. Elles sont comme un vecteur d'attaque, tu vois ce que je veux dire, Joe ? Les gens disent : “Eh le milliardaire, regarde tout ce que tu as !” Ben voilà, je n'aurai plus rien, je vais tout vendre et vivre dans une toute petite maison, vous verrez ! » Il faut dire que son patrimoine immobilier, en 2020, est impressionnant. Il possède sept propriétés toutes plus grandes les unes que les autres, dont un manoir à Hillsborough, en Californie, d'une valeur 37,5 millions de dollars. Au total, les spécialistes estiment que ce patrimoine dépasse les 100 millions de dollars.

Malgré son envie de retour aux sources, le mois de juillet 2020 conforte un peu plus les résultats stratosphériques de Tesla en dépit de la crise sanitaire liée au Covid. Certes, le chiffre d'affaires a diminué, passant à 6,04 milliards de dollars contre 6,35 milliards en 2019, mais les résultats de l'entreprise sont positifs pour le quatrième trimestre consécutif. Elon Musk annonce à cette occasion la construction d'une usine près d'Austin, au Texas, pour un investissement de 1 milliard de dollars. Le site industriel fabriquera le modèle Cyber Truck, le pick-up électrique de Tesla. Il précise aussi que le siège de la société va déménager à Austin en 2021 : « Je suis ravi de vous dire que nous déménageons au Texas car il y a une limite de taille que l'on ne peut atteindre dans la baie de San Francisco, avec des prix des logements élevés qui se traduisent par un temps de trajet beaucoup trop important pour certains de nos employés. » Enfin, Elon Musk annonce une mise en service de son usine texane au printemps 2022.

31 août 2020. *Bloomberg Billionaire* place Elon Musk à la troisième place des hommes les plus riches de la planète. Le magazine estime que son patrimoine a fait un bond de 12 milliards en une année. Selon *Bloomberg*, sa fortune personnelle atteint 115 milliards, juste derrière Bill Gates (125 milliards) et Jeff Bezos, numéro 1 avec 202 milliards. Pour Elon Musk, le seul record à battre en cette année 2020, c'est le nombre de lancements de ses

fusées dans l'espace. Il avait été établi en 2018 à 21, il sait que ce chiffre sera dépassé pour atteindre 26. Certes, la moitié de ces décollages ont servi le même objectif : Starlink. 940 petits satellites sont en orbite et il en reste 12 000 autres.

Au début du mois de septembre, Elon Musk décide de se rendre en Allemagne pour superviser le début des travaux de sa GigaFactory. L'Alsace a longtemps cru qu'elle tenait la corde dans ce dossier mais l'homme d'affaires a finalement choisi Berlin. Évidemment, son arrivée sur le sol allemand ne passe pas inaperçue. Il a choisi comme ville étape la petite cité tranquille de Tübingen, près de Stuttgart. Sa visite intervient en pleine pandémie mondiale et Elon Musk, en lieu et place de masque chirurgical, a décidé de porter… un bandana noir et blanc autour de la bouche ! Bien sûr, il est totalement assorti à sa tenue entièrement noire mais en qui concerne les mesures barrière, ce choix étonne pour le moins, surtout quand, comme lui, on visite une start-up qui travaille à la recherche d'un vaccin contre le Covid-19.

La visite est d'autant plus singulière qu'Elon Musk minimise depuis le début de la pandémie les effets du virus sur les populations. Il est farouchement opposé se faire vacciner ainsi qu'à faire vacciner les membres de sa famille. Il est aussi défavorable au confinement, lui préférant une « quarantaine ciblée » pour reprendre un de ses termes dans une interview donnée au *New York Times.* Il a même cette réponse quand une journaliste lui rappelle que de nombreuses personnes qui contractent la maladie peuvent mourir : « Tout le monde meurt… »

Pourtant, comme souvent dans sa vie, il suffit d'un déclic. Celui-ci est un simple tweet posté par un de ses abonnés, consterné d'entendre Elon Musk adopter une position antivax. Il lui signifie donc par écrit : « Utilisez vos usines pour fabriquer des respirateurs dont on a besoin de toute urgence. Je suis le propriétaire d'une Tesla et j'aime cette compagnie. Arrêtez de vous montrer idiot sur cette situation. C'est une catastrophe majeure. » Il accepte presque dans la foulée de consacrer plusieurs de ses lignes de production à la fabrication de ce matériel médical indispensable. Il faut noter qu'il s'est résolu à fermer ses usines à partir du 23 mars, la mort dans l'âme, car il considérait avoir pris toutes les précautions sanitaires nécessaires pour ses salariés.

En tous les cas, Elon Musk termine son voyage de trois jours en Allemagne par la rencontre de plusieurs ministres, dont celui de l'Économie, Peter Altmaier, mais aussi Jens Spahn, ministre de la Santé, et enfin Anja Karlicek, ministre de la Recherche. Cette fois, il porte un masque réglementaire et a troqué son tee-shirt noir avec une tache de peinture incrustée pour un costume cravate. Seule Angela Merkel, la chancelière, n'est pas là. Durant la discussion, Elon Musk affirme clairement que la GigaFactory, qui lancera sa production de Tesla fin 2021 à Grünheide, participera à la fabrication de batteries électriques à moyen terme.

Après cette visite, Elon Musk change complètement d'ambiance. Il participe au mois d'octobre à la 23e Mars Society Convention dont le thème – comme son nom l'indique – est la planète Mars. Pour cause de crise sanitaire, cette édition est virtuelle. Plus de 10 000 personnes sont connectées. Parmi elles, évidemment, Elon Musk qui a répondu favorablement à Robert Zubrin, organisateur de cet événement. Les deux hommes sont amis et partagent la même vision sur la conquête de Mars. Au mois de février 2020, Robert Zubrin, ingénieur en propulsion parmi les plus brillants de la planète, s'est rendu dans la base de Boca Chica au Texas et, à la façon d'un chroniqueur, a raconté en quelques lignes son voyage dans la *National Review* : « Pendant que je parlais avec ma femme Hope dans les locaux de SpaceX, un groupe de mariachis jouait à l'extérieur, offrant un divertissement à de longues files de personnes faisant la queue pour postuler à plusieurs catégories d'emploi. Des centaines ont déjà été embauchées, bientôt des milliers… Musk appelle son projet Starship. Bien sûr, sa capacité doit être démontrée. Pourtant, voici Musk qui ne construit pas seulement le premier vaisseau expérimental mais aussi un centre de production et une flotte. Est-il fou ? Selon les critères conventionnels de l'industrie aérospatiale, il l'est certainement. Mais il y a une logique dans sa folie. »

Durant la réunion Zoom, Robert Zubrin et Elon Musk reviennent sur les grandes lignes de ce projet interstellaire, répondant aux questions les plus techniques des participants sur le choix des carburants et la vie à bord durant le voyage. À la fin de la conversation, avant de se déconnecter, Elon Musk lève la main et lance un joyeux : « On se revoit sur Mars ! »

Mais avant la planète rouge, l'actualité immédiate pour Elon Musk est de superviser deux missions importantes pour SpaceX en décembre et en moins d'une semaine. Il prend d'abord la direction de cap Canaveral le 6 décembre. C'est le jour du premier vol opérationnel du vaisseau Dragon qui a à son bord quatre astronautes. Cette opération est la suite logique du test historique du mois d'août, mais cette fois l'équipage rejoint la Station spatiale internationale pour un séjour de six mois. Ils sont donc quatre à partir pour l'espace. Soichi Noguchi (55 ans) est japonais et il se joint à un trio américain composé de Victor Glover (44 ans), Michael Hopkins (52 ans) et Shannon Walker (55 ans). C'est le 100e lancement d'une fusée SpaceX. Même si la mission est presque devenue une routine pour la société qui ravitaille l'ISS depuis 2012, pas question pour Elon Musk de se reposer sur ses lauriers.

La nouvelle capsule a été améliorée et elle est capable de transporter 20 % de volume de plus que la précédente. Le ciel est d'un bleu limpide sur la Floride. Pas un seul nuage quand la fusée s'élève à la verticale à 11 h 17. La capsule Crew Dragon se sépare du deuxième étage de la fusée 9 minutes après le décollage. Comme prévu, le premier étage redescend sur Terre, ou plutôt vers la mer, ou l'attend une barge de récupération au nom évocateur choisi par Elon Musk : *Of Course I Still Love You* (Bien sûr que je t'aime encore). La manœuvre de retournement ne pose aucun problème et on entend encore une belle clameur et des applaudissements dans la salle de contrôle du centre spatial Kennedy. Fier de ses équipes, comme il l'écrit sur son compte Twitter, Elon Musk monte ensuite dans son jet privé pour parcourir les 1 750 kilomètres qui séparent cap Canaveral de la base SpaceX de Boca Chica au Texas.

Le 9 décembre 2020, Elon Musk assiste en première loge au test de décollage du prototype Starship SN8. L'objectif est de faire atteindre au premier étage de la fusée l'altitude de 12 000 mètres, puis de couper les moteurs avant d'amorcer la descente. L'opération doit se terminer par le retournement à la verticale du booster de 50 mètres de haut, et son atterrissage près du pas de tir. Là encore, les conditions météorologiques sont parfaites. Les images de ce mastodonte argenté qui transperce le ciel sont impressionnantes. Le scénario est respecté à la seconde près, mais juste après la coupure des moteurs, les ingénieurs devinent que quelque chose d'anormal est en train de se passer. La fusée descend trop vite, malgré l'allumage des trois moteurs Raptor juste avant qu'elle ne touche le sol, le crash est inévitable. Tout de suite après l'incident, Elon Musk analyse la situation. « La pression du réservoir de carburant était basse pendant la descente, ce qui a provoqué une trop forte pression. » Pas de catastrophisme dans ses propos qu'il conclut à nouveau par un hommage à toutes les équipes qui travaillent sur ce projet au long cours. Son dernier Tweet de ce 9 décembre donne le ton : « Mars, nous voilà ! »

Durant ce début de l'hiver 2020, il peut aussi lancer : « Wall Street me voilà ! » En effet, le 21 décembre, Tesla, qui affiche une capitalisation boursière de 400 milliards de dollars, entre dans le prestigieux et convoité S&P 500. Il s'agit de l'indice boursier, qui est construit à partir des 500 plus grandes entreprises cotées sur les Bourses américaines. Les actions de l'entreprise de voitures électriques ont grimpé de 70 % depuis le début du mois de novembre. Augmentation globale pour 2020 : 700 % ! Pour Elon Musk, cette entrée au S&P 500 est une véritable consécration, saluée par l'ensemble des acteurs économiques, à l'exception notable de la puissante et influente holding financière JP Morgan. Ses analystes n'hésitent pas à affirmer que l'action est « surcotée de façon dramatique avec un risque d'explosion de la bulle spéculative créée autour de la marque ». Une chose est sûre, en cette fin d'année 2020, Tesla a plus de poids boursier à elle toute seule que General Motors, Toyota, Honda, Volkswagen et Fiat cumulés.

Comme pour consolider un peu plus l'édifice Tesla, Elon Musk confirme que l'entreprise s'apprête à s'implanter en Inde à l'horizon 2021, même si le lieu de la future usine de production n'a pas encore été choisi.

Juste avant Noël, il décide d'envoyer un message à ses désormais 35 millions d'abonnés sur Twitter. Il ne s'agit pas d'un *satisfecit* personnel sur l'extraordinaire marche en avant de la société mais d'une simple photo. On voit un short en satin rouge visiblement porté par une femme avec une inscription orange sur les fesses « S3 XY ». Là encore, les abonnés les plus observateurs d'Elon Musk se souviennent d'un tweet publié durant l'été 2020 : « Je vous promets que je vais fabriquer un mini-short fabuleux en satin du même rouge que la Tesla, avec des inscriptions dorées… J'en enverrai à la Shortseller Enrichment Commission pour les réconforter en ces temps difficiles. » Cet acronyme déguisé est une allusion directe à la SEC, à laquelle il voue une haine tenace depuis que le gendarme de la Bourse lui a infligé une amende de 20 milliards de dollars. Les fonctionnaires de la SEC ont bien sûr pris connaissance de ce tweet vengeur et provocateur mais ils ne peuvent intervenir en retour car ils ne sont pas nommément cités !

Ce qui aurait donc pu être un simple coup de griffe teinté de l'humour propre à Elon Musk va pourtant se transformer en véritable opération commerciale d'envergure. Le short est mis en ligne sur le site de Tesla avec ce texte publicitaire, sans doute dicté par Elon Musk en personne : « Célébrez l'été avec les shorts courts Tesla munis d'un cordon ajustable… Courez comme le vent… Profitez d'un confort exceptionnel dès la fermeture des marchés. » Le short est vendu au prix de 69,420 dollars (61 euros). Là encore, les abonnés (très) observateurs d'Elon Musk pourront remarquer la présence du chiffre 420… à l'origine du conflit avec la SEC en 2018, puisque c'était le montant de l'action Tesla qu'avait donné Elon Musk dans son tweet.

Le 31 décembre 2020, Elon Musk n'offre pas des shorts mais trois mois gratuits d'utilisation de l'option de conduite autonome. Un cadeau de Noël réservé aux clients de Tesla qui ont commandé des véhicules lors des trois derniers jours de 2020. L'option *Full self driving* coûte à elle seule 10 000 dollars et elle constitue selon Elon Musk la dernière étape avant une conduite autonome à 100 %. Quant à son ultime tweet de 2020 publié le 31 décembre, au milieu de l'après-midi, il est comme d'habitude nimbé de mystère : « Ignorer le titre. »

Quand Elon Musk ouvre les yeux le 1er janvier 2021, il ne le sait peut-être pas encore mais ce sont ceux de l'homme le plus riche du monde avec une fortune estimée à 199 milliards de dollars. Un chiffre qui donne le vertige et auquel on doit ajouter : 44. Comme 44 millions d'abonnés sur son indispensable compte Twitter. En fait, chaque jour, celui-ci s'enrichit de plusieurs milliers d'abonnés. Elon Musk commence l'année par un achat que personne n'avait anticipé. Le 19 janvier 2021, il devient propriétaire de deux plateformes de forage pétrolier pour 7 millions de dollars, qui appartenaient jusqu'alors à la société britannique Valaris désormais en proie à de graves problèmes financiers (elle a depuis déposé le bilan).

Le patron de SpaceX a bien sûr une idée derrière la tête en réalisant cette transaction : offrir à ses fusées de nouveaux points de décollage à une trentaine de kilomètres des côtes américaines pour éviter les nuisances sonores. Rappelons qu'il souhaite que la fréquence des vols pour Mars soit intensifiée avec des décollages hebdomadaires. Lorsque les deux futurs ports spatiaux sont acheminés jusqu'au port de Brownsville pour y être entièrement modifiées, il les rebaptise en leur donnant les noms des deux lunes de Mars *Phoibos* et *Deimos.* Le port de Brownsville est situé à la pointe sud du Texas, à une vingtaine de kilomètres de la base spatiale SpaceX de Boca Chica. C'est sur la base texane qu'Elon Musk a programmé un décollage d'un nouveau prototype Starship-SN9 moins de deux mois après l'explosion, à l'atterrissage, du premier.

Le lancement a lieu le 2 février, comme d'habitude au beau milieu d'une zone désertique, à quelques centaines de mètres des eaux du golfe du Mexique. La fusée s'élève à 12 000 mètres comme prévu dans le plan de vol, avant d'amorcer sa descente une fois ses moteurs coupés. On la voit ensuite se positionner à l'horizontale comme si elle flottait dans l'air avant que la manœuvre de retournement à la verticale ne commence pour préparer l'atterrissage, la phase la plus délicate et incertaine de l'opération. Hélas, comme au mois de décembre, le prototype explose dans une gigantesque gerbe de flammes dès qu'il touche le sol. Un des ingénieurs en charge de ce vol communique peu après sur l'incident : « Nous avons eu un excellent vol mais nous devons juste travailler un peu sur l'atterrissage. »

Étrangement, Elon Musk ne commente pas cet échec sur son compte Twitter qui compte à présent 45 millions d'abonnés. Il décide ce jour-là de se mettre en retrait du réseau social, comme il l'explique dans un tweet daté de ce 2 février 2021 à 9 h 45 le matin : « *Off Twitter for a while* » (Hors de Twitter pendant un moment). S'il ne justifie pas sa décision, plusieurs spécialistes des réseaux sociaux notent qu'elle intervient après une série de tweets aux conséquences économiques certaines. En clair, dès qu'il donne le nom d'une société sur son compte Twitter, il peut changer le cours de l'histoire pour cette dernière, comme d'un claquement de doigts.

Ainsi, à la mi-janvier, il publie un message ultrapositif sur les produits vendus par le site Etsy, spécialisé dans la vente de vêtements vintage : « *I love Etsy.* » Il vient d'acheter un bonnet en laine tricoté à la main ! Il ne précise pas pour lequel de ses chiens il a réalisé cet achat, car il vit avec quatre compagnons à poils. Trois chiens : Gatsby, Marvin et Floki, et un chat : Schrödinger. Le nom de ce dernier est un hommage d'Elon Musk à un de ses maîtres à penser, le physicien autrichien Erwin Schrödinger, initiateur de la physique quantique. En 1935, il a imaginé une expérience qui porte depuis le nom de « Chat de Schrödinger ». Elle consiste à enfermer un chat dans une boîte hermétique avec un flacon de gaz mortel et une source radioactive. En clair, un dispositif se met en marche dès qu'il détecte une présence radioactive et brise le flacon. L'animal meurt à l'intérieur mais on ne peut pas savoir réellement ce qui se passe quand on est à l'extérieur. Le chat est donc à la fois vivant et mort suivant l'endroit où on se place. Rappelons que quelques années, auparavant Elon Musk avait lancé l'hypothèse que l'humanité tout entière vivait dans une simulation et que seule la physique quantique pouvait apporter des réponses pour percer ce mystère…

Pour revenir à ce mois de février 2021, pas de mystère pour la société Etsy : dès le message publié, ses actions gagnent 8,6 % ! Quelques jours avant, il avait publié : « *Use Signal* » (Utilisez Signal) – c'est une messagerie cryptée vers laquelle Elon Musk conseille à ses abonnés de se tourner car il n'est pas d'accord avec la nouvelle politique de confidentialité adoptée par WhatsApp quelques jours auparavant. Après ce tweet, la messagerie fait face à une arrivée massive d'utilisateurs. Ironie de l'histoire, une autre société installée au Texas, Signal Advance, spécialisée dans les services aux travailleurs médicaux, constate que son action en Bourse explose littéralement de 527 % en une journée ! Son action de 60 cents coûte désormais 7,19 dollars, comme le note un article du *Figaro* qui rappelle qu'une telle méprise à partir d'un nom cité par Elon Musk avait largement profité à la société chinoise Zoom Technologie spécialisée dans les pièces de téléphones portables alors que l'homme d'affaires pensait dans son tweet à la société Zoom Video Communication, leader des réunions virtuelles, notamment pendant le(s) confinements(s). Enfin, il a également propulsé sur le devant de la scène avec de gros profits à la clé la société américaine GameStop, leader mondial des magasins de jeux vidéo. « Il a suffi qu'Elon Musk tweete un simple lien vers une page du site communautaire Reddit consacrée à cette valeur pour que l'action connaisse une hausse de 110 % en quelques heures », note le magazine en ligne Capital.fr.

C'est donc dans ce contexte qu'Elon Musk décide de faire un break, sans doute conseillé par son entourage qui ne souhaite pas revoir dans les parages les fonctionnaires de la Bourse de Wall Street en quête d'éventuels délits d'initié... Mais le silence ne dure jamais longtemps avec Elon Musk. Au début du mois de mars, il s'enthousiasme pour la version 3D et animée d'un projet présenté par Abiboo, une agence d'architecture espagnole dans le cadre d'un concours sur la conception d'une ville sur la planète Mars. La ville, baptisée Nüwa City, pourra accueillir 250 000 personnes. Pour ne pas exploser sous la pression martienne, elle sera construite dans la pierre, au pied d'une falaise. Bureaux, buildings d'habitation, espaces verts, parcs de loisirs, zones de repos : toutes les infrastructures ressembleront à celles de la Terre à l'exception de l'air libre ! Les conquérants de Mars vivront sous des dômes et regarderont le rouge de la planète à travers d'épais hublots. Quant à l'eau, élément vital s'il en est, elle devrait couler en abondance selon les créateurs du projet car Tempa Mensa, la zone choisie pour l'implantation de la cité, en serait largement dotée dans ses falaises, selon les experts de la Nasa. Le PDG du studio d'architecture avance prudemment la date de construction à l'horizon 2054. Pour Elon Musk, ce délai semble beaucoup trop long et il demande avec humour aux architectes de le réduire aux dix prochaines années !

Une autre échéance beaucoup plus proche se dessine et il sait qu'elle représente une dimension exceptionnelle : le 15 avril, les responsables de la Nasa donnent le feu vert pour la mission Alpha. Quatre astronautes vont décoller pour l'espace à bord de la capsule Crew Dragon en direction de l'ISS pour y séjourner six mois. Ce quatuor international est composé du Japonais Akihiko Hoshide, des deux Américains Shane Kimbrough et Shane McArthur et d'un Français, à la popularité mondiale : Thomas Pesquet. Le spationaute natif de Normandie a déjà passé un long séjour dans l'ISS mais il avait voyagé dans la capsule Soyouz de Roscosmos, homologue russe de la Nasa. Thomas Pesquet a un point commun avec Elon Musk : un goût prononcé pour les réseaux sociaux. Elon Musk a choisi Twitter, Thomas Pesquet, Instagram, où il publie chaque jour des photos de ses aventures spatiales, suivies par quelques millions de followers à travers la planète. Le Français qui est le premier européen à voler à bord d'un vaisseau américain pour atteindre l'ISS, découvre l'univers particulier du PDG de SpaceX. Lors de sa sélection pour ce vol en 2020, il avait plaisanté sur cette perspective : « Il semblerait que je sois le premier Français à voler sur un Dragon ! La formation a déjà commencé dans les installations futuristes de SpaceX. Restez à l'écoute pour plus de mises à jour et… attendez… comment installer l'application lancement sur les écrans géants ? »

Lors de son entraînement avec les équipes de SpaceX, il découvre un matériel de vol totalement différent de ce qu'il connaît jusqu'alors. La cabine est plus spacieuse que celle du Soyouz, avec une visibilité élargie. Les sièges sont beaucoup plus confortables et un espace de repos est prévu. Il évoque les écrans tactiles et les tenues spatiales, elles aussi totalement différentes de celles utilisées depuis toujours par les Russes. Il faut dire qu'Elon Musk ne laisse rien au hasard. Il sait que chaque vol est à lui seul une opération de communication. Tout doit être au niveau, y compris l'apparence des astronautes. Il a fait appel à José Fernandez, concepteur des costumes de superhéros d'Hollywood à qui on doit ceux de Spiderman, X-Men, Iron Man. Elon Musk lui a passé un coup de téléphone pour lui expliquer ce qu'il voulait, comme le raconte le site Cosmi Blog qui reprend les propos de José Fernandez : « Elon n'arrêtait pas de me dire : tout le monde est mieux en smoking, que l'on soit grand, gros, ou peu importe. Je veux que, quand les astronautes enfileront leurs costumes, ils aient l'air mieux avec que sans, exactement comme pour un smoking. En fait, je veux qu'ils aient l'air plus héroïques ! » Résultat : des tenues blanches et grises, à l'aspect légèrement cintré. Il faut y ajouter à cette tenue au design épuré et des bottes noires. « Avec ces tenues, Elon Musk redéfinit l'équilibre entre l'imaginaire et la réalité en utilisant ce qui relevait de la fiction et en le transformant en nouvelle réalité », résume au *New York Time*, Kathleen Lewis, conservatrice au musée de l'Air et de l'Espace avant le décollage. De son côté, Thomas Pesquet témoigne aussi sur sa tenue sortie tout droit d'Hollywood bien que répondant évidemment au cahier des charges drastique établi pour assurer une sécurité maximale des astronautes : « Le scaphandre sur mesure est confortable comme un vrai pyjama en plus d'être conçu pour nous protéger d'un incendie ou d'une dépressurisation et autres petites choses déplaisantes. J'aime beaucoup le style des nouvelles bottes. »

Le 23 avril c'est le grand jour. Pour la première fois, Elon Musk associe ses deux univers dans le cérémonial qui précède le lancement. Quand les quatre astronautes descendent du bâtiment où ils ont revêtu leurs combinaisons spatiales, ils se retrouvent devant quatre Tesla qui les attendent, portières ouvertes. De l'autre côté de la voie de circulation, une corde tendue sert de séparation entre les voyageurs de l'espace et leurs familles. Les millions de téléspectateurs qui suivent l'événement en direct sont témoins de l'au revoir émouvant de Thomas Pesquet à sa compagne qui doivent se saluer à distance avant que le spationaute ne monte dans la Tesla garée juste devant lui. La portière Falcon se referme et la voiture blanche file vers son pas de tir. La suite de l'opération est une réussite totale.

Elon Musk assiste évidemment lui aussi à l'opération dont il salue le succès avec enthousiasme, tout en restant concentré sur son prochain objectif : le lancement de sa fusée Starship. Après quatre explosions consécutives, le patron de SpaceX n'imagine pas un nouvel échec. Le vol du prototype est prévu le 6 mai 2021 au Texas. Posé sur son pas de tir, ce mastodonte dont on pourrait vraiment croire que c'est la fusée imaginée par Hergé dans *Objectif Lune* si elle était peinte avec un damier rouge et blanc attend le début du compte à rebours. Ce vol est inhabité et la mission est claire : décoller, puis atteindre 10 000 mètres d'altitude avant que les moteurs ne se coupent. La fusée redescend ensuite à l'horizontale avant de se retourner à la verticale pour l'atterrissage à l'endroit même d'où elle a décollé. Cette fois, aucun problème. L'engin se pose en douceur. Dans la salle de contrôle, c'est le délire. Elon Musk commente tout de suite l'événement sur Twitter : « Atterrissage de Starship nominal ! » Il ne donne pas de nouvelles dates pour un futur vol orbital qui semble logiquement la prochaine étape du programme Starship, préférant rester prudent.

Peu après ce vol, il donne rendez-vous à ses abonnés avec un message titré « Saturday Night Live ». Sur une photo, trois Post-it. De haut en bas, un jaune sur lequel est inscrit : « 8 mai », un bleu sur lequel on lit : « Elon Musk » et juste dessous, en rose : « Miley Cyrus ». Les responsables de l'émission culte *Saturday Night Live* (NBC) annoncent presque aussitôt qu'Elon Musk sera le prochain invité. Depuis sa première en 1975, l'émission obéit à un déroulé immuable. L'invité d'honneur arrive sur la scène après que la voix off ait lancé : « *Ladies and Gentlemen* ! *Elon Musk* ! » Il offre alors un monologue au public. Elon Musk marche sur la scène d'un pas assuré, sous les applaudissements. Habillé de noir, il commence à parler : « Je veux dire que c'est un grand honneur pour moi d'être l'invité de *Saturday Night Live*. Souvent, avant de dire quelque chose, je ne sais pas si vous l'avez remarqué, je dis que je veux le dire ! » Le public éclate de rire. L'esprit stand-up de l'émission fonctionne à plein régime. « J'arrive à parfaitement varier les intonations de ma voix et je suis fait pour jouer la comédie. » Le public rit à nouveau avant qu'Elon Musk passe à un autre registre avec une annonce totalement inattendue : « Je voulais vous dire quelque chose ce soir. Je suis la première personne atteinte du syndrome Asperger à participer à *Saturday Night Live*, au moins la première à le dire ! »

Ensuite, il parle de sa vision d'une énergie électrique sans cesse renouvelée et qui protège la nature, il évoque aussi ses rêves de conquête spatiale.

« Vous ne trouvez pas que ce sont des objectifs excitants ? » Le public acquiesce en applaudissant chaleureusement. Puis dans les minutes qui suivent, Musk se lance dans un numéro d'autodérision teinté d'une sincérité déconcertante : « Bon, je vous avoue que je viens de poster ce que je viens de dire sur Twitter ! (Rires.) Je sais que parfois, les gens pensent que j'envoie des posts étranges et peut-être gênants mais il faut savoir que c'est comme ça que mon cerveau travaille ! À toutes les personnes que j'ai pu offenser, je veux juste dire que j'ai réinventé la voiture électrique et que je suis sur le point d'envoyer des gens sur Mars dans mes fusées ! (Applaudissements et cris.) Pensez-vous vraiment que je suis un mec posé et normal ? (Il joue ensuite avec ses yeux qu'il fait bouger dans tous les sens ! La salle exulte.) Vous devez aussi vous demander quel genre d'enfant j'étais ? Eh bien je vais vous répondre. J'étais exactement pareil que ce soir, mais en plus petit ! D'ailleurs demandez à ma mère ! À cet instant, Maye Musk entre sur scène pour un duo avec son fils.

ELON : Dis-moi maman, tu te souviens quand j'avais 12 ans et que j'ai vendu mon premier jeu vidéo ?
MAYE : Oui bien sûr !
ELON : Si je me souviens bien, j'avais gagné 500 dollars !
MAYE : Oui et comme tu étais trop jeune pour placer cet argent, c'est moi qui m'en suis occupée à la banque.
ELON : Oui et d'ailleurs tu as fait quoi de tout cet argent ?
MAYE *(faussement gênée)* : Euh… Rien, c'est pas important !
(Éclats de rire dans la salle.)
MAYE : Elon, ce soir, ici, je veux te dire quelque chose. *(Elle se tourne vers son fils et l'enlace.)* Je t'aime très fort !
Le public applaudit et donne de la voix.
MAYE : Tu sais, je suis impatiente de recevoir mon cadeau pour la fête des mères… J'espère juste qu'il ne s'agit pas de dogecoin ?
ELON : Eh si !
(Éclats de rire du public.)

Le groupe joue un intermède avant que l'émission commence par une succession de parodies. La plus réussie reste sans conteste celle d'un astronaute qui part pour Mars et qui dit au revoir à sa femme interprétée par Miley Cyrus sous les yeux d'Elon Musk qui joue son propre rôle dans une salle de contrôle de SpaceX. Le scénario est simple : Une tempête solaire menace le camp de base sur Mars et seul Chad, un astronaute courageux, peut sauver ses habitants. Elon Musk s'adresse à lui :

ELON MUSK : Chad, c'est Elon Musk qui vous parle !
CHAD : Qui ? *(Rires.)*
ELON MUSK : Elon Musk, je suis en charge du programme de colonisation de Mars.
CHAD : Ah ? Bravo ! Félicitations !
Puis Miley Cyrus entre en scène en combinaison militaire, le drapeau américain brodé sur son bras gauche. Elle vient dire au revoir à l'homme qu'elle aime :
MILEY CYRUS : Chad, il faut que je te dise quelque chose ! Je suis enceinte, tu vas être papa !
CHAD *(Il appuie sur le bouton qui ferme la porte vitrée d'un coup sec)* : Non, merci mais non !
(Rires.)
Ensuite, Chad marche sur le sable rouge et écoute les consignes d'Elon Musk qui suit l'opération de secours sur un écran où figure le logo de SpaceX.
ELON MUSK *(solennel)* : Chad, le monde entier a vu ce que vous avez fait et si ce n'est pas encore le cas,

j'ai déployé tous mes satellites pour que vous puissiez vous exprimer ! Alors que voulez-vous dire ?

CHAD *(gros plan sur son casque) et on entend une flatulence* : Tout va bien !

ELON MUSK *(lyrique)* : Chad, je veux que le monde sache que c'est vous qui avez tout donné pour la survie de l'humanité, je veux que chacun se souvienne de votre visage à travers les étoiles.

CHAD : OK !

On le voit commencer à enlever son casque malgré les cris dans la salle de contrôle et soudain sa tête explose dans son casque (Rires).

ELON MUSK *(résigné)* : Voyez quand je vous disais que tout le monde meurt un jour ! *(Puis il s'en va en glissant à un ingénieur :)* Bon on nettoie tout ça, vous ne m'avez jamais vu !

L'émission fait un carton et la prestation d'Elon Musk est largement discutée le lendemain matin. Ainsi, *The Guardian* tire à boulets rouges sur l'homme d'affaires : « Musk se considère comme un showman mais tout le monde peut en témoigner, il surestime grandement son talent pour la comédie ! » Mais la conséquence la plus remarquée de son passage télévisé reste la chute vertigineuse du dogecoin, cette cryptomonnaie née en 2013 d'une parodie imaginée par Billy Markus, un programmeur informatique de Portland, à l'effigie du chien Kabosu. Bill Markus a cette idée à cause du grand nombre de vidéos internet mettant en scène ce joli Shiba Inu aux allures de peluche. Mais la parodie censée dénoncer la tendance des cryptomonnaies qui prennent de l'ampleur est à son tour devenue un phénomène en quelques mois. Elon Musk, amusé par cette monnaie virtuelle, a longtemps vanté ses mérites (et investi des millions de dollars pour en acheter) avant de la critiquer en direct durant le *Saturday Night Late* en affirmant : « Le dogecoin est un véhicule financier impossible à arrêter qui va conquérir le monde ! »

Quelques minutes plus tard, changement de ton. Il lance en éclatant de rire : « Le dogecoin est une arnaque ! » Le résultat est immédiat, il fait plonger le dogecoin en quelques secondes et des millions de dollars s'évaporent. Mais comme toujours, Elon Musk ne s'en tient pas là puisque trois jours après son passage télévisé et sa diatribe contre cette monnaie, il explique que tout cela n'était que de l'humour ! Il organise même sur son compte Twitter un sondage auquel participent presque 4 millions de ses abonnés, avec une seule question : « Tesla doit-elle accepter les doge ? » La réponse est claire : *Yes*, 78,2 % ; No, 21,8 %

Alors il affirme son attachement à cette monnaie, n'hésitant pas à tweeter : « Le dogecoin est la crypto du peuple. » Là encore, le résultat est immédiat. Le cours du doge remonte ! « Elon Musk n'a pas besoin d'une baguette magique ou d'un bâton de sorcier pour changer le cours des choses. Il lui suffit de poser les doigts sur un clavier et d'attendre tranquillement que les choses se fassent ! Mais on se demande quand même pourquoi les gens l'écoutent autant. C'est exaspérant ! » résume, presque incrédule, un analyste financier d'une grande banque américaine. Elon Musk, lui, continue régulièrement de donner des nouvelles à ses vieux amis de la SEC pour le cas où les gendarmes de la Bourse l'oublieraient.

Ainsi, comme l'exige l'autorité boursière dès que des nominations ont lieu dans l'état-major d'une des 500 entreprises du S&P 500, Tesla lui envoie un courrier sur deux modifications opérées chez Tesla : « Depuis le 15 mars 2021, les titres d'Elon Musk et de Zach Kirkhorn ont été respectivement changés en Technoking de Tesla et Master of Coin. Elon et Zach gardent leurs postes respectifs de directeur général et de directeur financier. »

En revanche, Elon Musk marque son grand retour sur Twitter. Alors qu'on pensait son offensive contre les cryptomonnaies définitivement terminée, il revient à la charge mais cette fois contre "LA" monnaie virtuelle la plus connue : le bitcoin.

Le 13 mai, peu après midi, il publie ce message titré « Tesla&Bitcoin » : « Nous sommes préoccupés par l'augmentation rapide de l'utilisation des énergies fossiles pour le bitcoin, et en particulier du charbon. La cryptomonnaie est une bonne idée à de nombreux niveaux et nous pensons que son avenir est prometteur mais cela ne peut pas se faire au détriment de l'environnement. Tesla n'acceptera donc plus les paiements avec le moindre bitcoin et nous allons étudier les autres cryptomonnaies, notamment celles qui utilisent moins de 1 % d'énergie pour chaque transaction. » En quelques heures, le cours du bitcoin chute de 12 % et il perd 7 000 dollars. Le patron de Tesla et de SpaceX publie d'autres tweets sur le même thème et toutes les autres cryptomonnaies sont durement impactées. *Le Parisien* note que l'ethereum, deuxième plus grande cryptomonnaie, perd 14 % en une semaine et que le dogecoin qu'Elon Musk avait pourtant plébiscité quelques mois auparavant est lui aussi en chute libre.

Des analystes financiers estiment que l'offensive de l'homme d'affaires s'est soldée par la disparition pure et simple de 400 milliards de dollars pour le marché de la cryptomonnaie qu'ils évaluent désormais à 2 000 milliards de dollars.

Après cette nouvelle tempête, le calme revient en ce mois de juin 2021. Elon Musk fête ses 50 ans sans déchaîner un nouvel ouragan ! D'ailleurs, rien ne filtre d'une fête improbable qui pourrait être organisée en un lieu improbable de la planète. Seul un tweet de sa maman,

Maye, souligne l'événement. Elle publie une photo d'elle, juste après l'accouchement, le 28 juin 1971. Elle porte une tunique blanche et tient Elon, les yeux grands ouverts, dans ses bras, emmitouflé dans une petite couverture. Elle joint une légende à sa photo : « *Happy birthday, lot's of love.* »

Au mois de juillet, il assiste en tant que spectateur à la compétition que se livrent Jeff Bezos et Richard Branson, deux de ses concurrents directs dans la course au tourisme spatial. Ils ont prévu de voyager à bord de leurs fusées respectives. Le matin du 11 juillet, alors que Richard Branson se prépare à son domicile pour se rendre sur le pas de tir, il a la surprise de voir Elon Musk qui l'attend pieds nus devant la machine à café pour lui souhaiter bonne chance ! La photo des deux hommes fait le tour du monde des réseaux sociaux. Elon Musk assiste ensuite au décollage de l'avion fusée de Richard Branson qui s'envole vers l'espace depuis le Spaceport de Las Cruces, le centre opérationnel de la compagnie Virgin Galactic, au Nouveau-Mexique.

Le 20 juillet c'est au tour de Jeff Bezos de s'envoler vers les étoiles à bord de sa fusée New Shepard mise au point par sa société Blue Origin. Cette fois, pas de visite de courtoisie d'Elon Musk à Van Horn, le site de lancement du patron d'Amazon au Texas. Les deux vols sont des réussites et on apprend quelques jours plus tard qu'Elon

Musk a réservé un billet pour découvrir lui aussi les sensations de l'apesanteur dans l'espace auprès de Virgin Galactic, même si aucune date officielle n'est communiquée par le *Wall Street Journal* qui est à l'origine de cette information. Une chose est sûre : si ce choix se confirme, les relations entre Jeff Bezos et Elon Musk ne devraient pas s'arranger.

Le 28 septembre, *Forbes* publie son classement annuel des hommes les plus riches du monde. Sans surprise, Elon Musk est sur la plus haute marche avec une fortune estimée à 201,7 milliards de dollars, juste devant Jeff Bezos, 193,6 milliards. Au journaliste de *Forbes* qui vient recueillir sa réaction, Elon Musk confie : « Je suis en train d'envoyer une statue géante du chiffre 2 à Jeffrey B. avec une médaille d'argent. » Ce dernier ne répond pas à l'attaque. Il faut dire que leurs relations se sont encore un peu tendues durant le mois d'août, quand Jeff Bezos a décidé d'amorcer une procédure judiciaire contre la Nasa pour avoir choisi l'atterrisseur lunaire de SpaceX et non le sien. Le patron d'Amazon intente également une action en justice contre Elon Musk car il considère que son programme Starlink n'est pas conforme aux règles fédérales américaines qui régissent les télécommunications.

Mais ces attaques de Jeff Bezos ne perturbent pas l'organisation d'Elon Musk qui n'a certes pas choisi de voyager comme ses collègues milliardaires mais qui prépare activement le tout premier vol touristique de SpaceX. Il est programmé le 15 septembre depuis le centre spatial Kennedy. La mission est joliment baptisée « Inspiration 4 » et, comme son nom l'indique, est composée de quatre « touristes-astronautes » qui se sont entraînés dur pendant six mois, notamment avec le « supplice » de la centrifugeuse et un trek en équipe à 3 000 mètres d'altitude. Jared Isaacman (38 ans) est le riche patron d'une société de services financiers. C'est lui qui a lancé et financé l'opération dont le montant reste confidentiel. C'est lui qui fera office de commandant de bord. Chris Sembrovski (42 ans) est un ancien militaire reconverti dans l'industrie aéronautique. Sian Proctor (51 ans) est une enseignante qui a toujours rêvé d'être astronaute, ratant de peu sa sélection pour la Nasa en 2009. Hayley Arceneaux (29 ans), rescapée d'un cancer pédiatrique, est assistante médicale dans le civil. C'est la femme américaine la plus jeune à s'envoler pour l'espace. Elle a en plus une prothèse du fémur.

Leur mission en orbite dure trois jours et va leur offrir le rare privilège de réaliser 50 fois le tour de la planète bleue, soit un tour toutes les 90 minutes ! Même si des touristes spatiaux ont déjà embarqué dans des fusées, c'est la toute première fois que quatre civils sont lancés en orbite sans aucun astronaute professionnel à leurs côtés, et ce vol est à ce jour le plus lointain jamais effectué (585 kilomètres d'altitude) dans ces conditions. Cette mission a permis de récolter des fonds pour le St Jude's Hospital, l'hôpital des enfants de Memphis dans le Tennessee où travaille Hayley Arceneaux. Jared Isaacman et Elon Musk ont versé plus de 150 millions de dollars à la fondation de l'hôpital.

Un mois après ce vol qui place SpaceX plus que jamais en haut de l'affiche, Elon Musk va battre un nouveau record. Cette fois, il ne s'agit pas d'aller loin dans l'espace mais de gagner une somme astronomique en quelques heures. Le 26 octobre 2021, l'action Tesla fait un bond de 12 %. L'entreprise de location Hertz confirme son achat de 100 000 voitures pour un montant de 4,2 milliards de dollars, ce qui se traduit pour Elon Musk par un gain de 36 milliards ! Selon le groupe financier américain Bloomberg, jamais un homme n'avait gagné autant d'argent en aussi peu de temps dans l'histoire ! Elon Musk se contente d'un tweet avec le symbole d'un dollar en arrière-plan : « Sauvage ! »

Le 13 décembre, il apparaît en gros plan à la une du *Time* qui l'a choisi comme personnalité de l'année. C'est une tradition qui perdure depuis 1927 et être l'heureux élu est une véritable marque de reconnaissance quasiment historique. Le rédacteur en chef du journal ne tarit pas d'éloges sur lui : « Peu d'individus ont autant d'influence que M. Musk sur la vie sur Terre et potentiellement aussi sur la vie en dehors de la Terre. Bien sûr, c'est un personnage dont la personnalité est aussi clivante que sa vision du monde mais il semble se délecter des divisions et des railleries agressives des réseaux sociaux. »

Edward Felsenthal rappelle qu'en cette fin d'année 2021, il dispose de 66,2 millions d'abonnés sur Twitter, et il se demande quels sommets ce chiffre peut encore atteindre. Le reportage du *Time* est accompagné d'une longue interview sans véritables révélations. Mais cette nomination largement médiatisée est loin de faire l'unanimité de la communauté scientifique internationale qui critique ouvertement et bruyamment le projet Starlink. La Chine affirme par exemple que sa station spatiale a été menacée à deux reprises par des collisions avec des satellites mis sur orbite dans le cadre de ce programme. On imagine aisément que cette accusation n'est pas vraiment du goût d'Elon Musk même s'il n'infirme ni ne confirme l'information dans le *Daily Space*. Dans les colonnes de ce magazine spécialisé, il préfère insister sur le but de Starlink qui vise à améliorer la diffusion et la réception internet dans le monde entier, et affirmer que ses satellites ne menacent en rien l'équilibre orbital : « Il y a suffisamment de place pour des dizaines de milliards de satellites qui peuvent tourner autour de la Terre en toute sérénité », conclut Elon Musk en ajoutant qu'en cette toute fin d'année 2021, le nombre total des satellites de Starlink atteint 1 944 et qu'il sera de 2 335 en mars 2022.

Il aurait pu terminer l'année sur cette déclaration mais décidément, Elon Musk n'est jamais rassasié ! Il choisit ce 31 décembre pour affirmer sur Twitter qu'il connaît l'identité du créateur du bitcoin, une monnaie sans existence matérielle et qui n'est connectée à aucune banque. Cette cryptomonnaie fluctuante fonctionne grâce à un ensemble de « nœuds » qui forment un réseau numérique par lequel se déroulent toutes les transactions. Pour obtenir cette monnaie, il faut ouvrir un portefeuille virtuel en convertissant des espèces ou en vendant des biens. Cette monnaie qui n'en est pas une a connu une ascension fulgurante. Le 12 octobre 2009, on pouvait acheter un bitcoin pour 0,001 dollar. Cinq ans plus tard, son prix s'élève à 312,92 dollars. Après une chute du cours en 2015, il s'échange à 654,71 dollars en 2016, puis à 970 dollars. En 2017, il atteint 19 891 dollars avant de baisser à nouveau en 2017 et de s'échanger pour 3 500 dollars. En janvier 2022 la valeur du bitcoin culmine à 40 141,11 dollars !

Le bitcoin remonterait à 2008, même si, en 1968, est inventé le langage de programmation de cette monnaie, baptisé Script par son inventeur, Charles H. Moore. Un mystérieux Satoshi Nakamoto dont personne ne connaît ni le visage ni le lieu de résidence aurait réussi à synthétiser au début des années 2000 le travail effectué par ses prédécesseurs pour déposer officiellement le nom de cette monnaie le 31 octobre 2008. Quant à la première transaction réalisée *via* bitcoin, elle a lieu le 12 janvier 2009 entre Satoshi Nakamoto et Hal Finney, un célèbre développeur de jeux de console. Dans les années qui suivent, cette cryptomonnaie intraçable est plutôt utilisée par les milieux mafieux et les visiteurs du Dark Web avant que, petit à petit, elle ne commence à entrer dans le quotidien des entreprises qui autorisent elles aussi son utilisation. Elon Musk lui-même affirme qu'il détient des bitcoins chez Tesla et SpaceX : « J'achète mais je ne m'en défais pas et j'aimerais vraiment voir le bitcoin réussir », précise-t-il en ajoutant qu'il n'est pas opposé à ce que ses clients achètent leurs voitures avec cette monnaie. Courant mars, dans un débat organisé sur Internet aux côtés de Jack Dorsey, le patron de Twitter et fervent partisan de cette cryptomonnaie, il avance : « Je ne vois pas le bitcoin comme un actif que je possède et mon espoir est que cela crée la paix dans le monde ! »

Neuf mois plus tard, ce fameux 31 décembre 2021, Elon Musk annonce que, selon lui, Satoshi Nakamoto est le pseudonyme de Nick Szabo, un informaticien, juriste et écrivain considéré comme un génie de la cryptographie et auteur de nombreux livres sur ce sujet complexe. De lui, on ne sait rien, si ce n'est qu'il est d'origine hongroise et qu'il a été diplômé en droit à l'université de Washington DC en 1989. Lecteur assidu, Elon Musk reprend à son compte une étude de chercheurs et de linguistes qui ont noté que les similitudes entre le livre blanc de Nakamoto et les écrits de Szabo sont « troublantes de ressemblance ». Quant à la conclusion d'Elon Musk sur ce sujet relevée par le site Capital.fr, elle est teintée de poésie : « Connaîtrons-nous un jour l'identité réelle de cet homme ? De toute façon, qu'est-ce qu'un nom ? C'est un nom attaché à une idée. Qu'est-ce que ça veut dire vraiment ? On pourrait citer William Shakespeare qui écrivait : "Ce que nous appelons rose, sous un autre nom, sentirait aussi bon !" »

Le 26 décembre, Elon Musk accepte de répondre à une interview de Babylon Bee, un site satirique sur lequel on accède uniquement grâce à Facebook et popularisé aux États-Unis par de nombreux articles se moquant notamment régulièrement des chrétiens évangéliques. Ce site qui se présente comme chrétien et conservateur a suscité pas mal de polémiques depuis sa création en 2018 car selon de nombreux observateurs, il propose une cohabitation pour le moins étrange entre des *fake news* et des véritables informations. On peut citer cet article qui affirmait que la chaîne CNN utilisait une « machine à laver de taille industrielle pour faire tourner les informations » ! Babylon Bee a publié un livre qui s'est vendu à plusieurs dizaines de milliers d'exemplaires avec un titre évocateur : *Comment être un chrétien parfait. Votre guide complet pour une vie spirituelle sans faille.* Elon Musk ne précise pas s'il a lu ou non cet ouvrage mais il répond aux questions de trois grandes figures du site, dont son président-directeur général, Seth Dillon. L'entretien filmé par les caméras du site dure 1 heure 40. Cette fois, ni whisky ni marijuana sur la table mais des tablettes numériques et des petites bouteilles d'eau. Détendu et souriant, Elon Musk aborde tous les thèmes qui lui sont proposés. Pour la première fois, il donne son avis sur la religion en précisant qu'il a été baptisé bébé mais qu'il ne se considère pas du tout comme un chrétien pratiquant. Ensuite, il reste prudent sur ses déclarations qu'il épice comme toujours d'une pointe de son humour si particulier : « Je suis d'accord avec les principes de Jésus et j'y vois une grande sagesse, tout comme dans ses enseignements. Tendre l'autre joue me parait une règle importante par opposition à œil pour œil. Un œil pour un œil rend tout le monde aveugle ! *(Rires dans la salle.)* En fait, je suis Albert Einstein qui croit dans un Dieu qui se révèle dans l'harmonie de l'univers et non dans un Dieu qui se préoccupe du sort et des actions des êtres humains. » Les interviewers lui demandent aussi ce qu'il ferait s'il était président des États-Unis : « D'abord, je ferais en sorte que l'administration de l'État soit réduite car on peut légitimement se sentir comme Gulliver. On est comme dans l'histoire de cet homme considéré comme un géant quand il arrive sur une île peuplée de lutins minuscules qui l'attachent à des milliers de cordes. Ce n'est pas comme si une seule corde était un problème mais il y en a tellement qu'au bout du compte, vous ne pouvez plus rien faire. C'est pour cela que je me suis installé au Texas. »

De toute façon, qu'il soit au Texas, en Californie, à New York, à Shanghai ou sur toute autre cité de la planète, Elon Musk entame l'année 2022 dans la peau de l'homme le plus riche du monde avec une fortune estimée à 219 milliards de dollars. Il dépasse ainsi Jeff Bezos et ses 171 milliards, et le Français Bernard Arnault, à la troisième place, avec 158 milliards. Le 26 janvier 2022, Tesla publie son dernier bilan financier en visioconférence. Dans les jours qui ont précédé l'événement, de nombreuses rumeurs ont circulé sur des annonces spectaculaires d'Elon Musk pour de nouveaux modèles. Mais quand il prend la parole, c'est uniquement pour souligner que la marque ne travaille pas aucun nouveau modèle et que, malheureusement, le Cyber Truck, commandé par plus de 1 million de personnes ne sera pas livré, comme prévu, durant l'année. Il décale l'échéance à 2023. Il donne tout de même quelques précieuses informations en guise de *teasing* sur ce 4 × 4 électrique capable de tourner sur place comme un tank et de se déplacer en diagonale grâce à la fonction *crabwalk*.

Mais le moment fort de cette conférence à distance avec des investisseurs reste l'objectif que définit Elon Musk pour 2022 : Optimus ! C'est le nom donné à son robot humanoïde également identifié sous l'appellation technique Tesla Bot. Il mesure 1,73 mètre, pèse 57 kg et se déplace à une vitesse de 8 km/h. Ce robot avec deux jambes, deux bras, un buste et une tête dissimulée sous un casque-cagoule noire peut porter une charge de 70 kg. Elon Musk précise que le robot sera utilisé sur les chaînes de montage de Tesla 3 : « Il pourra suppléer le personnel humain dans ses tâches trop répétitives, harassantes et dangereuses. Son caractère sera amical ! Nous allons nous assurer qu'il ne se comporte pas comme Terminator. »

Après avoir copieusement nourri les journaux et les blogs scientifiques avec cette annonce, Elon Musk revient à la une des journaux people. Le 7 février, on le voit, sur une photo, descendre de son jet privé à l'aéroport de Los Angeles, accompagné d'une jeune femme qui n'est pas sa compagne, la chanteuse Grimes, mais Natasha Bassett, une comédienne australienne de 27 ans. Peu après, son ex-compagne confirme la rumeur de la naissance d'une petite fille par mère porteuse dans un reportage de *Vanity Fair*. Elle explique que cette fois, le couple qui n'en est plus un a choisi ensemble le doux prénom du bébé : Exa Dark Siderael. Comme pour son grand frère né un an plus tôt prénommé X AE A-XII, la maman offre une explication détaillée des mots choisis : « Dark est un clin d'œil à l'inconnu et Siderael est une double référence au vrai temps de l'univers mais aussi à Galadriel, mon personnage préféré dans *Le Seigneur des Anneaux* » (c'est une elfe qui aime le pouvoir et la puissance). Si Elon Musk reste discret sur sa paternité et sa séparation, Grimes, en revanche, n'hésite pas, dans cet article, à s'exprimer sans fard : « En fait, il n'y a pas de vrai mot pour dire si on est toujours ensemble. Je le désignerais probablement comme mon petit ami mais nous sommes très fluides. Nous vivons chacun dans notre maison, nous avons nos propres histoires en cours mais c'est mon meilleur ami et l'amour de ma vie. De toute façon, je n'attends pas que les autres personnes me comprennent. »

Sur le plan sentimental comme professionnel, on a l'impression que tout semble s'accélérer pour Elon Musk et son rêve spatial en ce début d'année 2022. Le 10 février, il confirme qu'une tour de lancement dédiée à son vaisseau Starship sera construite à cap Canaveral, en Floride. La Nasa, convaincue de la fiabilité de la fusée, l'a définitivement choisie pour transporter des hommes sur la Lune. Elon Musk en profite pour dévoiler l'envergure hors du commun de l'engin qui mesure 120 mètres de long et 9 de diamètre. Les deux étages assemblés pèsent plus de 5 000 tonnes avec leurs réservoirs pleins pour le décollage.

Elon Musk a conçu avec ses équipes le plus grand vaisseau jamais imaginé par l'homme et le plus puissant aussi quand il fera rugir ses 29 moteurs Raptor à plein régime. Il décollera vers les étoiles à une vitesse de croisière de 27 000 km/h. Détail esthétique d'importance : le deuxième étage a été peint en noir, le premier restant sur sa couleur argentée. Reste une inconnue de taille :

Starship n'a jamais décollé, à ce jour, dans sa version complète, une situation qui n'est pas due à la préparation du vaisseau, terminée selon les équipes techniques de SpaceX, mais plutôt à l'attente d'autorisation de la part de l'administration américaine de l'aviation qui souhaite connaître l'impact sur l'environnement de l'opération. En attendant de connaître la date de ce premier vol orbital, Elon Musk sait qu'il peut compter sur un engouement de tous les milliardaires aventuriers de la planète.

Ainsi, le premier d'entre eux à s'être manifesté dès 2018 s'appelle Yusaku Maezawa. Ce Japonais de 42 ans a fondé la plus grande galerie marchande du monde et *Forbes* estime que sa fortune personnelle dépasse 3 milliards de dollars. Il a acheté huit billets pour un voyage prévu en 2023, sans donner le montant de la transaction. Le jour de cet achat, il a immortalisé l'instant en n'hésitant pas à grimper sur les épaules d'Elon Musk devant le fuselage d'une Falcon 9 en levant les bras vers le ciel ! L'idée de Yusaku Maezawa est simple : emmener sept artistes autour de la Lune durant six jours. Il demande donc à la communauté artistique des quatre continents de se mobiliser, puis très vite, il décide avec Elon Musk de faire évoluer cette quête. Les deux hommes imaginent alors Dear Moon : « C'est une proposition ouverte à tous les citoyens du monde entier. Je veux des hommes et des femmes avec toutes sortes de backgrounds dans leurs vies. Peu importent les professions, si vous voulez aider les gens et contribuer à la marche de l'humanité, alors vous pourrez avoir une activité créative au prochain niveau. Si mes paroles vous touchent, alors s'il vous plaît rejoignez-moi. Merci beaucoup », lance-t-il dans son message de promotion en donnant, pour finir, l'adresse de son site internet.

Bien loin de ces considérations lunaires, Elon Musk entre à sa façon dans la guerre d'occupation que livre la Russie à l'Ukraine. Dans la nuit du 27 au 28 février, il décide d'activer sa constellation de satellites du programme Starlink au-dessus de l'Ukraine, répondant ainsi directement et concrètement au tweet que lui avait adressé quelques jours auparavant Mykhailo Fedorov, le vice-Premier ministre ukrainien : « Pendant que vous essayez de coloniser Mars, la Russie essaie d'occuper l'Ukraine ! Pendant que vos fusées atterrissent avec succès depuis l'espace, les roquettes russes attaquent les civils. Nous vous demandons de nous aider ! »

Le 14 mars, Elon Musk publie un tweet qu'il adresse directement au maître du Kremlin : « Par la présente, je défie Vladimir Poutine dans un combat d'homme à homme. L'enjeu est l'Ukraine. » Une heure plus tard, il publie un nouveau message : « Acceptez-vous ce combat ? » Si Vladimir Poutine et son entourage ne publient aucune réponse, la prise de position d'Elon Musk ne passe pas inaperçue. Ainsi, Mykhailo Fedorov n'hésite pas à poster : « Je suis sûr qu'Elon Musk peut envoyer Poutine sur Jupiter ! » Si les effets positifs de Starlink tardent à se vérifier sur le sol ukrainien, dans le ciel, les satellites d'Elon Musk permettent aux drones de l'armée ukrainienne de localiser les chars russes avec plus de précision et ainsi, de donner des informations à l'artillerie pour les neutraliser.

Pendant qu'il concentre la quasi-totalité de ses satellites au-dessus de l'Ukraine, Elon Musk prépare l'inauguration de sa cinquième GigaFactory au Texas, prévue le 7 avril. Mais auparavant, il réalise une opération que personne n'avait prévue : il devient actionnaire majoritaire de Twitter ! Le 4 avril, il annonce effectivement qu'il détient 9,2 % du capital. Avec 2,9 milliards de dollars, il en devient de fait le premier actionnaire. Il s'est porté acquéreur de 73,5 millions d'actions pour y parvenir. Son opération commando sur Twitter commence au début du mois de mars. Il laisse d'abord entendre qu'il n'est pas opposé à créer son propre réseau social car il juge que Twitter « ne respecte pas les principes de la liberté d'expression ». Dans le même temps, il commence à acheter en masse des actions dans la plus grande discrétion *via* une de ses filiales financières. Chaque jour, sa participation s'accroît jusqu'au résultat annoncé le 4 avril à ses désormais 80 millions d'abonnés : il va rencontrer dans les prochaines semaines tous les salariés de la société à l'oiseau bleu et il publie une photo de lui fumant ce fameux joint lors de l'émission de Joe Rogan, avec cette légende : « Le prochain conseil d'administration de Twitter va être exaltant ! »

Le 7 avril, il se rend comme prévu au Texas pour inaugurer sa GigaFactory près d'Austin. Les dimensions de ce site industriel en font l'usine la plus grande du monde, avec une superficie équivalente à une centaine de terrains de football. Elle est conçue pour pouvoir fabriquer 5 millions de voitures par an. Elon Musk n'a pas lésiné sur les moyens pour cette ouverture qu'il a intitulée Cyber Rodéo et à laquelle il a convié plus de 15 000 personnes. Le patron de Tesla arrive en décapotable noire, en slalomant dans le hangar immense éclairé par les lasers sur un son de rap au volume maximal. Il arrive sur scène sous les applaudissements. Il descend de la voiture, tout habillé de noir, lunettes noires et chapeau de cow-boy noir. Il s'adresse à la foule compacte et électrique qui se masse devant lui : « Nous allons parler du passé, du présent et du futur ! »

Il revient sur l'évolution de la technologie Tesla depuis les premiers jours en faisant défiler plusieurs modèles sur la scène. L'arrivée du Cyber Truck est le moment que tout le monde attend. Il se gare et Franz von Holzhausen, designer en chef de Tesla, qui était au volant, descend avec un grand sourire. Il tape dans la main d'Elon Musk qui s'empresse de dire : « Bon, cette fois, on ne va pas s'amuser à taper sur les vitres ! » (Allusion à 2019, quand Franz avait fissuré une vitre avec une boule en métal). Elon Musk explique à nouveau que les livraisons de ce 4 × 4 du futur seront retardées mais qu'il fera son maximum pour réduire l'attente des clients. Puis il prend congé du public : « Tout est prévu pour que vous passiez une soirée géniale ! Profitez-en ! Je vous aime ! » Il prend ensuite le volant du Cyber Truck, allume les phares et démarre avant de disparaître dans une allée interminable du hall. Au même moment, à l'extérieur, un feu d'artifice d'une rare intensité illumine la nuit texane.

Épilogue « provisoire »

Elon Musk n'a sans doute pas terminé de tracer le chemin qui le conduira peut-être, comme il le souhaite ardemment, à finir sa vie sur Mars.

Durant son long voyage dans l'espace, le nez collé au hublot de son Big Fucking Rocket qu'il aura mis tant de temps à finaliser, il se souviendra peut-être de cette phrase écrite par Isaac Asimov au hasard d'une page dans un de ces livres de science-fiction qu'il dévorait, enfant, dans la chambre de sa maison de Prétoria : « Pour réussir, il ne suffit pas de prévoir, il faut aussi improviser. » À moins qu'il ne poste sur Twitter une énigme moins littéraire mais qu'il affectionne tout autant.

Elle fait d'ailleurs partie d'un questionnaire auquel doivent répondre des candidats qui postulent à SpaceX ou Tesla : « Un singe, un écureuil et un lézard sont sur le point de faire la course sur un cocotier. Qui sera le premier à atteindre les bananes ? »

★

Achevé d'imprimer en mai 2022
sur les presses de la Nouvelle Imprimerie Laballery
58500 Clamecy
Numéro d'impression : 204603

Imprimé en France

La Nouvelle Imprimerie Laballery est titulaire de la marque Imprim'Vert®